Fluidum

Gewidmet allen,
die sich für das Geheimnisvolle
begeistern können

Heinz Schott

Fluidum

Magische Momente des Mesmerismus

BoD – Books on Demand

Bibliografische Information der Deutschen Nationalbibliothek:

Die Deutsche Nationalbibliothek verzeichnet diese Publikation in der Deutschen Nationalbibliografie; detaillierte bibliografische Daten sind im Internet über www.dnb.de abrufbar.

Mit 24 Abbildungen

Coverbild:
"Der Magnetiseur" (Ausschnitt).
Zeichnung, 1790, von Daniel Chodowiecki (1726–1801).
Vorzeichnung zum 2. Blatt der Radierfolge: Vier Blätter zum Taschenbuch für Aufklärer (akg-images).

SCHOTT's NEUE BIBLIOTHEK / 2

© 2017 Heinz Schott
Herstellung und Verlag: BoD – Books on Demand, Norderstedt.

ISBN: 9783744802055

Inhalt

.

Zur Einführung

Der „animalische" oder „thierische Magnetismus" – ab dem frühen 19. Jahrhundert auch Mesmerismus genannt – war zur Zeit eines Mozart oder Goethe höchst populär und bewegte Ärzte und Naturforscher, Dichter und Denker, Wissenschaftler und Laien gleichermaßen. Aber während Mozarts Musik und Goethes Dichtung heute allgegenwärtig sind, ist jenes Heilkonzept mit seinen weitreichenden Experimenten und Spekulationen in Vergessenheit geraten. Dabei hat es wie kaum eine andere Lehre das wisschaftaltiche und kulturelle Leben vom ausgehenden 18. bis zur Mitte des 19. Jahrhunderts beeinflusst und die von der Französischen Revolution überschattete Epoche mitgeprägt. Als der Mesmerismus mit den Fortschritten der Naturwissenschaften und der Technik in der zweiten Hälfte des 19. Jahrhunderts aus der Mode kam und als okkulter Mystizismus angesehen wurde, verschwand er keineswegs von der Bildfläche. Vielmehr emigrierte er aus der Welt der Wissenschaft in andere kulturelle Sphären und hatte etwa in Naturheilkunde, Laienmedizin und Esoterik Konjunktur. Dort wurde er gerne auch als „Heilmagnetismus" bezeichnet, um seine Eignung als allgemeines Heilmittel hervorzuheben.

Bereits die Romantiker hatten den Mesmerismus als ein traditionelles Volksheilmittel gepriesen, das schon immer von einfachen Leuten wie Schäfern und Landleuten eingesetzt worden sei. In der Laienmedizin fand später um 1900 die Ratgeberliteratur zum Mesmerismus und zur Hypnose, die häufig synonym verwandt wurden, große Verbreitung.[1] Manche Broschüren und Handbücher zum Hausgebrauch wiesen hohe Auflagen auf. Als Beispiel sei hier auf den österreichischen Militärbeamten und Okkultisten Gustav Wilhelm Geßmann hingewiesen, der von den 1880er bis zu den 1920er Jahren zahlreiche populäre Sachbücher verfasste, darunter auch eines mit dem Titel „Magnetismus und Hypnotis-

---

[1] H. Schott, 1985 [b], S. 268-271.

mus".[1] Die Grundidee des Mesmerismus war einfach: Da angeblich alle Körper, auch der menschliche, in ein Fluidum eingetaucht schienen, das über die Nerven auch in den menschlichen Organismus eingeleitet werden konnte, bestand die ärztliche Kunst darin, dieses Fluidum zu bündeln und gezielt auf den Kranken zu übertragen. Es gab unterschiedliche Methoden hierfür, die in der einschlägigen Literatur ausführlich dargestellt wurden: Magnetische Striche (*passes*) mit den Händen über die Körperoberfläche, Behandlung mit dem magnetischen Kübel (*baquet*) in der Gruppe oder auch einzeln, sonstige magnetische Manipulationen wie zum Beispiel das Trinken von „magnetisiertem" Wasser.

Das Magnetisieren wurde vielfach mit anderen Heilmethoden kombiniert, um diese zu intensivieren, etwa mit Homöopathie, Phrenologie oder Galvanismus. Mesmer selbst ging es, im Unterschied zu vielen seiner späteren Anhänger, weniger um „magnetischen Schlaf" und Somnambulismus als Quelle spiritueller Erleuchtung („Geisterseherei"), als vielmehr um die organische Heilwirkung des Fluidums. Mesmer selbst war von dieser quasi physikalischen Kraft überzeugt, die er durch seine magnetische Kur therapeutisch einsetzen wollte und die er als „Fluidum" – auch „Allflut" oder *„fluide universel"* – bezeichnete. In dieser Abhandlung sollen nun die magisch anmutenden Wirkungen dieses Fluidums referiert werden, soweit sie in den historischen Zeugnissen dokumentiert sind. Ich mache keinen Versuch, die entsprechenden Phänomene aus heutiger Sicht zu „erklären". Sie erinnern uns heute an Phänomene der Hypnose, der Suggestion und des Placebo-Effekts und können uns diese in einem neuen Licht erscheinen lassen.

---

[1] Geßmann, 1887.

„Was dieses Fluidum eigentlich sei, ob es vielleicht ein, durch irgend einen animalisch-chemischen Prozeß in dem thierischen Körper erzeugtes, und ihm allein angehöriges Etwas ist, oder, ob es nach der Theorie der Alten einen Theil ihrer, die ganze Natur belebenden allgemeinen Weltseele ausmacht und mit dem Lichtstoffe, dem elektrischen, galvanischen, magnetischen Fluido u. dgl. m. übereinkommt, hierüber giebt es viele Muthmaßungen, aber nichts Erwiesenes."

K. A. F. Kluge: Versuch einer Darstellung
des animalischen Magnetismus (1811)[1]

Erstes Kapitel

Elektrizität und Magnetismus: Wunder der Natur

Die Erzeugung künstlicher Elektrizität mit Maschinen und das technische Einfangen himmlischer Elektrizität in Gestalt des Blitzableiters symbolisierten in der Mitte des 18. Jahrhunderts ein neues Zeitalter der Naturforschung. Diese Konjunktur der Elektrizität sorgte im Zeitalter der Aufklärung für empfindliche Erschütterungen, wobei die elektrischen Phänomene der Überlieferung entsprechend auf den Magnetismus bezogen und mit ihm identifiziert wurden. So schien bereits in der Antike die anziehende Kraft des geriebenen Bernsteins (griechisch: *elektron*) der des Magneteisensteins (griechisch: *magnetis lithos*) zu entsprechen. Doch erst zu Beginn des 17. Jahrhunderts konnten Elektrizität und Magnetismus wissenschaftlich voneinander abgegrenzt werden. In seinem wegweisenden Buch *„De magnete"* (1600) gab der englische Naturforscher William Gilbert eine Methode zur Herstellung von Dauermagneten an und diskutierte die „elektrische Kraft" (*vis electrica*) als Anziehungskraft, die durch Reibung bestimmter Körper hervorgeru-

---

[1] Kluge, 1811, S. 256 f.

fen werde. Mit der Konstruktion zweier Apparate gelang schließlich in der ersten Hälfte des 18. Jahrhunderts der technologische Durchbruch: Ab circa 1730 konnte mit einer Elektrisiermaschine, die aus einem rotierenden Glaszylinder bestand und mit einem Schwungrad angetrieben wurde, relativ einfach Reibungselektrizität mit einem Lederkissen erzeugt werden: Die „Kleistsche" bzw. „Leidener Flasche", die fast gleichzeitig von dem deutschen Naturforscher Ewald Georg von Kleist bzw. dem holländischen Physiker Pieter van Musschenbroek 1745 erfunden wurde, diente im Verbund mit der Elektrisiermaschine als Kondensator und Verstärker bei der elektrischen Behandlung. „Blitz", „Funken", „Erleuchtung", „Strahl" oder „Erschütterung" beschrieben nicht nur die sinnliche Wahrnehmung der künstlich erzeugten Elektrizität, sie dienten zugleich als Metaphern für die „Aufklärung" schlechthin, die bezeichnenderweise im Englischen *Enlightenment*, im Französischen *Lumières* und im Italienischen *Illuminismo* heißt.

Für manche Naturforscher, insbesondere aus dem Umfeld des Pietismus, bedeutete Elektrizität eine Art religiöse Erleuchtung, da es dem Menschen zum ersten Mal offenbar gelungen war, magische, ja, göttliche Kräfte der okkulten Natur hervorzulocken und gleichsam himmlische Geistesblitze – analog zu dem von Benjamin Franklin erfundenen Blitzableiter – einzufangen und abzuleiten. Der Religionshistoriker Ernst Benz bezeichnete diese Einstellung zutreffend als „Theologie der Elektrizität", welche die „Physikotheologie" oder „natürliche Theologie" jener Epoche widerspiegelte.[1] Vor diesem Hintergrund ist die „Entdeckung" des „animalischen Magnetismus" von Franz Anton Mesmer zu sehen, der nicht nur von der Idee der „natürlichen Magie" (*magia naturalis*) durchdrungen war, sondern diese konsequent an den neuesten Stand der von Newton'scher Physik und Elektrizitätslehre geprägten Experimentalwissenschaft anpassen wollte. Mit anderen Worten: Mesmer wollte die Magie der Natur nun mit Hilfe der Technik des Magnetisierens erforschen und sie Ärzten wie Laien als ein natürliches Allheilmittel zur Verfügung stellen.

---

[1] Benz [1970], 1971.

„Natürliche Religion"

Die „natürliche Theologie", von David Hume, dem schottischen Philosophen der Aufklärung, auch als „natürliche Religion" (*natural religion*)
bezeichnet, wollte Gotteserkenntnis durch die wissenschaftliche Erforschung der materiellen Welt gewinnen. Sie wird in der Fachliteratur
üblicherweise der „Offenbarungstheologie" gegenübergestellt, die sich
direkt auf Quellen göttlicher Offenbarung, vor allem die Heilige Schrift,
beruft.[1] Daraus resultiere, so der allgemeine Tenor, der Gegensatz von
Glauben und Wissen oder Offenbarung und Vernunft. Dies klingt plausibel, trifft aber kaum den Kern der frühneuzeitlichen Situation, wenn wir
vom Ansatz der *magia naturalis* ausgehen. Denn dort stehen bei aller
vernunftgeleiteten Naturforschung immer auch Offenbarungen einer
göttlichen Natur am Horizont der Erwartungen, die der menschlichen
Vernunft übergeordnet sind und diese übersteigen.

Gerade die Okkultisten und Alchemisten, die durch Experiment und
Erfahrung ihre Naturforschung betrieben, vertraten nicht nur das Konzept der „natürlichen Magie", sondern waren zumeist auch zutiefst davon überzeugt, dass sich ihnen die Natur nur durch göttliche Gnade
offenbare, ja, die Naturforschung selbst eine Art Gottesdienst sei. Das
Lesen in der „Bibel der Natur" wurde zu einem gängigen Topos. Viele
technologische Wunderwerke, die wissenschaftlich völlig erklärbar und
insofern theologisch unbelastet schienen, vermittelten den Zeitgenossen
dennoch den Eindruck, dass sich in ihnen Göttliches offenbare. Dies
klingt heute paradox, war es seinerzeit aber nicht. Denn der Alchemist
operierte in seinem Labor nicht nur im Sinne der „natürlichen Theologie", sondern zugleich auch im Sinne der „Offenbarungstheologie". Er
achtete auf seine Träume und Visionen und begleitete sein Handwerk
mit geistigen Übungen.

---

[1] http://de.wikipedia.org/wiki/Nat%C3%BCrliche_Theologie (6.01.2011).

Der „Heiligenschein" ist in der christlichen Tradition ein Attribut jener Gestalten, die mit göttlichem Charisma ausgestattet sind, allen voran die Heilige Familie und die Heiligen als Nothelfer. Er wurde in der Mitte des 18. Jahrhunderts gewissermaßen elektrifiziert. Denn durch die elektrischen Entdeckungen und Erfindungen im 18. Jahrhundert imponierten die elektrischen Phänomene zugleich auch als Geistesblitze oder als Ausstrahlungen der göttlichen Natur, die künstlich erzeugt werden konnten. Die Naturforschung hatte es in ihrem Selbstverständnis geschafft, eine „natürliche Theologie" (*theologia naturalis*) zu entwickeln, die auf übernatürliche, metaphysische Annahmen verzichten wollte. Der Mensch konnte nun selbst mit bestimmten rationalen Techniken anscheinend Wunder wirken, die auch dann noch eine gewisse Faszination ausübten, nachdem ihr Mechanismus aufgeklärt worden war. So wurden einfallsreiche Zaubertricks auf öffentlichen Schaubühnen und in privaten Zirkeln vorgeführt, die je nach Arrangement beim Publikum wohligen oder gruseligen Schauer hervorriefen.

Als Musterbeispiel sei hier auf die Erzeugung eines künstlichen „Heiligenscheins" durch Elektrizität, die sogenannte „Beatifikation", hingewiesen. (**Abb. 1**) Der Wittenberger Arzt und Physiker Georg Mathias Bose, seit 1738 Professor der Physik an der *Leucorea* in Wittenberg, führte zahlreiche elektrische Versuche durch und demonstrierte diverse elektrische Phänomene an isolierten menschlichen Körpern, die er zuvor „elektrifiziert" hatte, wie zum Beispiel den „elektrischen Kuss". In einem barocken Lehrgedicht schilderte er die Entdeckung der Elektrizität in rosigen Farben und feierte die großen Forscher. Mit Bedauern stellte er fest, dass Otto Guericke zwar auf der rechten Spur gewesen sei, aber doch nicht ganz „bis zur Natur" vorgedrungen sei: „Doch grosser Guericke hier liessest du es seyn? / Drangst nicht in der Natur verborgnen Tempel ein?"[1] Er forderte die Geistesgrößen seiner Zeit, namentlich den Philosophen Christian Wolff und den Mathematiker Leonhard Euler, dazu auf, die rätselhaften elektrischen Phänomene wissenschaftlich aufzuklären: „Auf o du grosser Wolff, auf wundervoller Euler, / [...] Ihr

---

[1] Bose, 1744, S. III..

kennet die Natur. Ja Eurer Seelen Witz / Dringt biß zu selbiger verborg-
nen heilgen Sitz. / Wollt Ihr, Ihr Helden, Euch nicht an die Arbeit wagen,
/ So wird uns niemand nicht die wahre Ursach sagen."[1] In den 1740er
Jahren beschrieb Bose ein aufsehenerregendes Experiment, das zu einer
Kontroverse führte: den künstlichen Heiligenschein durch Elektrizität.
In seinem Lehrgedicht schilderte er, freilich ohne genaue technische
Anleitung, wie man es bewerkstelligt, dass „der Mensch vom Kopff zur
Scheitel glüht."[2] Man könne einen Schein bis an Herz und Kopf erzeugen:
„Wie man die Heiligen, ja selbst die Engel mahlt, / Wie das gemeine
Volck von einem Irrwisch prahlt, / So steht mein Held alsdenn in einem
Schimmer-Glantze, / In einem feurigen, fast fürchterlichen Krantze."

Der englische Naturforscher Joseph Priestley schilderte Boses elektrisches Verfahren, womit man das Haupt der betreffenden Person „mit
einem hellen Scheine, oder einer sogenannten Glorie, umgeben würde,
so derjenigen gewisser maßen gleichkommt, welche die Mahler bei Ver-
zierung der Köpfe derer Heiliger vorzustellen pflegen."[3] Dieses Experiment habe „alle Elektrisirer in Europa" in Bewegung gesetzt, ohne dass
ein einziges gelungen wäre. Der Verdacht des Betruges sei aufgetaucht
und Bose habe gestanden, dass er sich „eines ganzen Harnisches [...] mit
verschiedenen stählernen Zierathen" bedient hätte und so mit sehr
starker „Elektrisation" Strahlen am Helm erzeugt hätte, „welche mit
denjenigen, die man um die Köpfe der Heiligen zu mahlen pflegt, einige
Aehnlichkeit gehabt. Und hierinn bestand seine ganze so sehr gerühmte
Beatification."[4] Dieses Beispiel lässt sich in zwei Richtungen interpretieren. Zum einen: Elektrische Erscheinungen bedeuteten mehr als nur
rein physikalische Ereignisse; sie wurden unwillkürlich mit göttlichem
Charisma assoziiert. Zum anderen: Göttliche Ausstrahlungen wie die
Gloriole konnten künstlich nachgeahmt und damit ein Stück weit in die
technisch verfügbare Welt eingeordnet werden. Technik wurde gewis-

---

[1] Ebd. S. XXXVI.
[2] A. a. O., S. XXXIII.
[3] Priestley [1772], 1983, S. 101.
[4] A. a. O. S. 102.

sermaßen religiös potenziert, religiöse Symbolik dagegen mit technischen Mitteln depotenziert.

In der Aufklärung wurden sichtbares und unsichtbares Licht, äußerliche Erhellung und innerliche Erleuchtung zu einem wichtigen Motiv in Theologie, Naturforschung und Literatur. Im Unterschied zu denen, die eine Verobjektivierung des Lichts im Sinne von John Locke vertraten, gab es viele um 1750, die an der *„ancient magic power"* des Lichts festhielten, wie der englische Theologe William Law, ein wichtiger Exponent von Jakob Böhmes *„mystical philosophy"*.[1] Die sichtbare Natur erschien bei Law nur als Manifestation des göttlichen Geistes, der sich in ihr manifestiere.[2]

Theologie der Elektrizität

Mit der Erzeugung der künstlichen Elektrizität und ihren Funken sprühenden Leuchteffekten schien nun das göttliche Licht für die Menschen greifbar zu werden. Kaum ein Wissenschaftshistoriker hat die theologischen Implikationen dieser neuen elektrischen Welt so eindrucksvoll herausgearbeitet wie der evangelische Theologe Ernst Benz, der damit vor allem auch die Vorgeschichte des Mesmerismus erläutern wollte. Er war ein Kenner der Mesmer'schen Lehre und ein Verehrer des Meisters, was er zuletzt dadurch unterstrich, dass er sich selbst 1978 in unmittelbarer Nähe von Mesmers Grabmal auf dem Meersburger Friedhof beerdigen ließ. Magnetismus und Elektrizität seien damals „als die sinnfälligste Darstellung der verborgenen Gegenwart der göttlichen Kraft in der Welt" und als „ein neues Symbol Gottes" erschienen.[3] Der Magnet symbolisierte mit seiner rätselhaften Anziehungskraft die göttliche Liebe, wobei bereits bei Athanasius Kircher die „persönlichen Elemente seines Gottesgedankens immer mehr zurücktreten und dafür die unpersönlichen Elemente der Auffassung Gottes als einer alles durchdringenden und

---

[1] Cantor, 1985, S. 76.
[2] A. a. O., S. 78 f.
[3] Benz [1970], 1971, S. 7 (691).

alles belebenden, gestaltenden und erhaltenden Kraft und Strahlung sich mehr und mehr durchsetzten."[1] Es habe sich also eine „pansophische Naturtheologie" als „Übergang zu dem *Evangelium Naturae* Mesmers" herausgebildet. Diesem bescheinigte Benz ein „intuitives Naturgefühl und eine ganz außergewöhnliche charismatische Begabung."[2]

Ernst Benz illustrierte die „Theologie der Elektrizität" vor allem an den „elektrischen Theologen" Christoph Friedrich Oetinger, Johann Ludwig Fricker und Prokop Divisch (auch Diviš oder Diwisch). Der Theologe Oetinger war ein berühmter württembergischer Theosoph und Pietist, der den württembergischen Pfarrer Fricker beeinflusste, während der katholische Priester und Prämonstratenser Divisch in Mähren wirkte. Letzterer wurde durch Frickers Vermittlung mit Oetinger bekannt, woraus sich eine tiefe Freundschaft entwickelte. Oetinger war offenbar von Divischs Einsichten in die Geheimnisse der Elektrizität überwältigt, und „sah in ihm den wahren ,Magier aus dem Orient'".[3] Seit den 1740er Jahren führte er als Pfarrer einer kleinen Gemeinde meteorologische Experimente durch und erfand, unbeachtet von der Öffentlichkeit, noch vor Benjamin Franklin den Blitzableiter.[4]

Als er 1755 Kaiser Franz den Vorschlag unterbreitete, auf der kaiserlichen Residenz, der Wiener Hofburg, Blitzableiter anbringen zu lassen, stieß er auf Ablehnung. Auch in seiner eigenen dörflichen Pfarrgemeinde erging es ihm nicht anders. Man hielt den auf dem Pfarrhof angebrachten Blitzableiter für Teufelswerk: „Als im Jahr 1755 eine große Dürre eintrat, wurde dies allgemein dem Blitzableiter des Pfarrers Divisch zugeschrieben, der alle Elektrizität aus der Luft in die Erde leite und so den Regen verhindere, und eines nachts wurde der pfarrherrliche Blitzableiter von unbekannten Tätern bis auf den Grund zerstört."[1] Der Blitzstrahl insbesondere in Kirchtürme wurde traditionell als göttliche Warnung gedeutet. So entspann sich eine Diskussion, ob Blitzablei-

---

[1] A. a. O., S. 14 (698).
[2] A. a. O., S. 16 (700).
[3] A. a. O., S. 31 (715).
[4] A. a. O., S. 32 (716).

ter, die ja in die Allmacht Gottes eingriffen, erlaubt seien. Im Zeitalter der Aufklärung konnte sich der nutzbringende Blitzableiter letztlich durchsetzen.

Der Pietist Oetinger identifizierte das Licht des ersten Tages mit dem *Spiritus mundi* oder dem „electrischen Feuer". Dieses sei in allen Dingen verborgen, ein feuriges Lebenselement, das von Gott in diese hineingegossen worden sei. „Alle körperlichen Wesen haben Geisteskräfte in sich, welche erregt werden können, daß sie von ihnen ausfliessen und sich mittheilen."[2] Fricker sprach von einer „Selbstbewegung in der Natur", die „im electrischen und elementarische Feuer" sei.[3] Es lag auf der Hand, dass dieses „Feuer" mit seinen theologisch-spiruellen Konnotationen gerade Pietisten faszinierte: Es gab der Materie Geist und Leben. Oetinger merkte an, dass schon „die alten Weltweisen" diesen Naturgeist erkannt und ihm verschiedene Namen gegeben hätten: *„ignis elementaris"*, *„ignis electricus"*, *„Archaeus"* oder *„Spiritus mundi"*.[4] Jetzt aber sei eine neue Zeit angebrochen: „Nun aber, da Gott seine wunderbahre und erstaunliche Geheimnisse der Natur, vermittelst der electrischen Experimente und der Wissenschaft derselben, der Welt etwas näher geoffenbahret hat, so kan man viele Ding in der Natur, die vorhin verborgen waren, gewisser abmessen und deutlicher erklären." Oetinger deutete den göttlichen Feuerblitz (*Chasmal*), den Prophet Ezechiel in seiner Vision vom Thron Gottes als glänzender Feuerwolke wahrgenommen hatte, als elektrisches Feuer.

Die „Theologie der Elektrizität" hatte tiefgreifende Folgen für die Anthropologie. Nicht die Seele, sondern das „Naturfeuer" als „elektrisches Feuer" war das primär belebende Element. Deshalb habe man dieses Naturfeuer, wie Fricker es formulierte, „dessen die Arzneyen in gewisser Masse theilhaftig sind, für den allgemeinen Lebensbalsam, oder die

---

[1] A. a. O., S. 36 (720).
[2] Zit. a. a. O., S. 47 (731).
[3] Zit. ebd.
[4] A. a. O., S. 49 (733).

höchste Tinktur zu halten".[1] Ernst Benz stellte vor diesem ideengeschichtlichen Hintergrund heraus, dass Oetinger „der erst deutsche Gelehrte von Rang" gewesen sei, der die frühen Veröffentlichungen Mesmers kannte und sie mit seiner Theorie der Elektrizität, des „Naturbalsams", in Verbindung brachte.[2]

An die Stelle des alchemistisch herzustellenden „Lebenselixiers" ist nun der „Balsam der Natur" (*balsamum naturae*) als elektrisches Feuer getreten. Oetingers Begeisterung für Divischs Elektrizitätslehre kommt auch in einem Registereintrag zum Ausdruck: „Divisch, ein grosser *Electricus*, macht die Magie klar".[3] Dieser positive Magiebegriff im Diskurs der Theologen bezieht seine Legitimation aus der Religionsgeschichte. Es ging ihnen um die Wiederentdeckung der „wahren Magie", wie sie die Könige David und Salomon noch besaßen und die „durch Entartung des christlichen Glaubens" verloren gegangen sei. Durch die Elektrizität sahen sie die Chance, die Magie als eine „Wissenschaft der verschiedenen Feuer" neu zu begründen. So schrieb Oetinger in einem Brief an Divisch: „Der Name Magie kommt vom arabischen Wort Magasch, das Anzündung bedeutet. Du also bist der, der die Geheimnisse der Entzündung, das ist der Magie besitzt."[4]

Elektrische Zauberkünste

Die als sensationell empfundene Elektrizität verlockte in der zweiten Hälfte des 18. Jahrhunderts zu illustren Schauexperimenten vor einem staunenden Publikum. Auch in der Medizin fand die Elektrizität rasch Eingang in Forschung und Therapie, wie wir weiter unten sehen werden. Sie stimulierte neurophysiologisches Denken und elektrotherapeutische Prozeduren gleichermaßen. Die Entstehung des „thierischen" oder „animalischen Magnetismus" ist ebenso wenig ohne die

---

[1] Zit. a. a. O., S. 59 (743).
[2] A. a. O., s. 69 (753).
[3] Zit. a. a. O., S. 92 (776).
[4] Zit. a. a. O., S. 93 (777).

Implikationen der „elektrischen Medizin" denkbar wie der Galvanismus, der etwa ein Jahrzehnt nach Mesmers animalischem Magnetismus in den 1780er Jahren auf den Plan trat. Die illustren Spiele mit dem „elektrischen Feuer" spiegeln jene Mischung von Experimentierfreude, Faszination und Belustigung wider, womit Ärzte und Naturforscher als Zauberkünstler auf die Bühne traten. Die Faszination der künstlichen Elektrizität verdankte sich einer religiösen Quelle: Der Mensch schien erstmals die göttlichen Kräfte der Natur hervorrufen und für seine Zwecke einsetzen zu können.

Um 1780 gab es eine Hochkonjunktur für Zauberkünstler aller Art. Bühnenshows, Salonkunststücke, Massenspektakel galten als Attraktion und fanden zumindest vorübergehend großen Zulauf. So schlug der deutsche Zauberkünstler und Privatgelehrte Gustav Katterfelto das Londoner Publikum in seinen Bann. Während einer grassierenden Grippeepidemie konnte er dem staunenden Publikum mithilfe seines Sonnenmikroskops die „seltsamen Insekten" zeigen, die vermeintlich die Infektion auslösten.[1] Er bediente sich einer magischen Laterne, welche mikroskopische Objekte stark vergrößert auf eine Projektionsfläche projizierte und somit gleichzeitig für eine Menschenmenge sichtbar machte, was einen ungeheuren Eindruck hinterließ. In seinen Vorlesungen stellte Katterfelto eine ganze Reihe von Experimenten an: u. a. mathematische, optische, magnetische, elektrische, physikalische, chemische und pneumatische. Seine Auftritte garnierte er mit dem Schlachtruf: „Wunder! Wunder! Wunder!" Katterfelto wollte die natürliche Magie voranbringen, „eine nützliche Disziplin, die einer sich entwickelnden bürgerlichen Gesellschaft durch Aufdecken bislang verborgener Zusammenhänge praktisch verwertbares Wissen vermittelt."[2] Für ihn waren die *„Wonders of Nature"* ein Gegenstand des Entzückens und sicherlich auch des Triumphs. Denn er konnte die Wunderwerke der göttlichen Vorsehung (*the wonderful works of Providence*) sichtbar machen. Ein Bewunderer Katterfeltos dichtete 1790:

---

[1] Rawert, 2009.
[2] Ebd.

> *„Strange Wonders hid from human sight,*
> *His Microscope can bring to light,*
> *The works of God, unseen by eyes,*
> *The means of seeing, this supplies,*
> *All haste to him, whilst here he stayes.*
> *Then sing, like me, the Doctor's Praise."*[1]

Die Wunder der Natur sollten als Werke Gottes erkannt und anerkannt werden. Die Menschen auf Erden lebten in dieser Welt in Dunkelheit, wenn sie nicht „jene wundervollen Werke des Schöpfers" (*those wonderful works of our Maker*) sehen könnten. Gerade die Zauberkünste sollten Licht in diese Dunkelheit bringen und Aufklärung schaffen. So sah sich Katterfelto in der Rolle eines göttliche Geheimnisse offenbarenden Künstlers, der wie ein Geistlicher seiner Gemeinde die Augen zu öffnen hatte. Die Zuschauer verhielten sich angeblich durchaus diesem Selbstbild entsprechend und hätten sich ihm genähert, „als ob es darum gegangen sei, zumindest den Saum seines Gewandes zu berühren."

Was konnte dem Anspruch, die Wunder der Natur zu offenbaren, mehr entsprechen als die Funken sprühenden Experimente mit der Elektrizität! Friedrich Schiller hat in seinem unvollendeten Schauerroman „Der Geisterseher" (1787/88) die abgründige Nachtseite der Aufklärung, ihre Dialektik von Vernunft und Irrsinn, meisterhaft beleuchtet.[2] Es kam zu spektakulären Experimenten in kleineren Zirkeln und vor großem Publikum. Elektrische Demonstrationen, die nicht zu therapeutischen Zwecken dienten, umfassten Tierversuche, Selbstversuche und Versuche mit einzelnen oder mehreren Menschen. Die elektrischen Schläge konnten sehr heftig ausfallen, wie der Hallenser Medizinprofessor Johann Gottlob Krüger 1745 anmerkte: „Wer hätte es [...] für [vor] einem Jahr dencken sollen, daß ein Electrischer Funcken vermögend wäre dem stärcksten Mann einen Degen aus der Hand zu schmeisen".[3] Manche Naturforscher unternahmen Versuchsserien an Tieren, um die tödliche

---

[1] Zit. n. Paton-Williams, 2008, S. 55.
[2] Schott, 2014, Bd. 1, S. 135 f.
[3] Krüger, 1745, S. 9.

Dosis zu ermitteln. So berichtet der englische Naturforscher Joseph Priestley: „Am 19ten Junius [1766] brachte ich eine ziemlich große junge Katze, durch die Entladung einer Batterie von drey und dreyßig Quadratfuß, um das Leben [...]. Am 21sten Junius tödtete ich eine kleine Spitzmaus, vermittelst der Entladung einer Batterie von sechs und dreyßig Quadratfuß".[1]

Ein besonders spektakuläres Gruppenerlebnis bot die elektrisierte Menschenkette, die Priestley unter die „belustigendsten elektrischen Experimente" einreihte: „Wenn eine einzige Person den erschütternden Schlag bekommt, so macht sich die Gesellschaft auf deren Kosten lustig; alle aber tragen zu dem Vergnügen mit bei, [...] wenn die ganze Gesellschaft sich in einen Kreis stellet, indem sie einander anfassen, und alsdann der Elektrisirer denjenigen, der sich an dem einen Ende des Kreises befindet, eine mit dem Ueberzuge der [Leidener] Flasche communicirende Kette halten und unterdessen dem an dem anderen Ende des Kreises Stehenden den Draht berühren läßt. Da alle [...] zu gleicher Zeit und von einerlei Kraft getroffen werden, so ist es oft ein Vergnügen, mit anzusehen, wie sie in ein und demselben Augenblicke plötzlich auffahren".[2] Solche Spektakel der Überrumpelung und Belustigung, wie sie auch Schiller im „Geisterseher" geschildert hat, waren offenbar gesellschaftsfähig.

Elektrische Medizin, magnetische Kuren

Als Begründer der Elektrotherapie wird heute der deutsche Naturforscher Christian Gottlieb Kratzenstein angesehen, ein Schüler des seinerzeit in Halle wirkenden Medizinprofessors Johann Gottlob Krüger. Kratzenstein empfahl in seiner kämpferischen „Abhandlung von dem Nutzen der Electricität in der Arzneywissenschaft" von 1744 die „Electrification" der Kranken ausdrücklich als ein Allheilmittel („Panacee").[3] Ihre

---

[1] Priestley [1772], 1983, S. 429.
[2] A. a. O., S. 372.
[3] Kratzenstein, 1744; W. Kaiser, 1977.

Heilwirkung beruhe darauf, dass sie die Stauungen der Körpersäfte, vor allem die des Blutes, auflöse, indem sie Schwefel und Salzteilchen austreibe. Somit sei die „Electrification" angezeigt bei „Dickblütigkeit", „Kongestionen" (das heißt Säftestauungen) aller Art, wie zum Beispiel Kopfschmerz, Schnupfen und Brustbeschwerden sowie bei Fieber und sogar der Pest.

Der Regensburger Arzt Johann Gottlieb Schäffer fasste in seinem Lehrbuch „Die Electrische Medicin" den theoretischen und praktischen Stand der zeitgenössischen Elektrotherapie zusammen.[1] Wie Kratzenstein hielt er die „Kongestionen" des Blutes durch die elektrische Kur für heilbar. Hauptindikation seien jedoch die „gelähmten Glieder". Angriffspunkte des Elektrisierens seien Muskeln und Nerven, welche alle Körperbewegungen verursachten. Diese Erkenntnis hatte der Naturforscher und Universalgelehrte Albrecht von Haller seinerzeit mit dem Begriffspaar „Irritablität" und „Sensiblität" tierexperimentell begründet.[2] Dabei verhalte sich, so Schäffer, der Muskel zum Nerven wie das Rad einer Maschine zur Antriebskraft, welche dem „Nervensaft" oder „Nervengeist" entspreche. Die Elektrotherapie wurde somit neurophysiologisch begründet: „Was der Nervensaft natürlicherweise durch seinen Einfluss in die Muskeln thut; das verrichtet die Electricität auf eine künstliche Art, und dieses alles um so mehr, weil die electrische Materie in vielen Stücken mit dem Nervensaft viele Aehnlichkeit und fast einerlei Eigenschaft zu besitzen scheint."[3]

Schäffer schilderte, wie er durch Elektrotherapie einer 56-jährigen Frau „cholerischen Temperaments" helfen konnte, die durch einen „Schlagfluss" auf einer Seite gelähmt war: „Ich wickelte die, an die drey Flaschen gewundene, und im Wasser sich befindende, meßingene Kette um den gelähmten Fuß; den gelähmten Arm aber brachte ich an die vor dem Bette in seidnen Schnüren schwebende metallene Röhre. Jedesmalen ließen sich nicht nur die Funken sehr lebhaft sehen, und mit einem di-

---

[1] J. G. Schäffer [1752], 1766.
[2] H. Schott, 1993, S. 212.
[3] J. G. Schäffer [1752], 1766, S. 76.

cken Knalle hören; sondern auch bey jedem Schlage eines erregten Funkens bewegte sich der lahme Fuß. Diese electrische Erschütterung nahm ich fast täglich eine 4telstunde lang vor [...]. Nach der ersten Woche merkte man [...], daß die Empfindung in den gelähmten Gliedern sich wieder einstellete."[1] Das Frontispiz der Publikation zeigt das betreffende Arrangement dieser Behandlung. (**Abb. 2**) Schäffers Vorschlag ist bemerkenswert, elektrisierte Substanzen als „electrische Arzney"– wie in einer Trinkkur – zu verabreichen: Wasser, Wein und Tee könnten leicht elektrisiert und dem Patienten dargereicht werden, wobei der elektrisierte Wein „einen viel stärkeren Geruch von sich giebt, auch eher berauschet, als ein unelektrisirter".[2] Ähnliche Praktiken waren im Mesmerismus und Galvanismus üblich, wo im Allgemeinen „magnetisiertes" beziehungsweise „galvanisiertes" Wasser als heilkräftig galt und vielfach als Lebenselexier angepriesen wurde. In Analogie zur äußeren Anwendung des Wassers erfand man „galvano-elektrische" Wasserduschen und das „elektrische Bad", das in den 1780er Jahren in einer Buchillustration dargestellt wurde.[3] (**Abb. 3**)

Die Phänomene der Elektrizität regten den Erfindungsgeist der Naturforscher und Ärzte an. Das spektakulärste Konzept schuf der vom Bodensee stammende Wiener Arzt Franz Anton Mesmer, auf das wir im Einzelnen noch zurückkommen werden: Sein „animalischer" oder „thierischer Magnetismus" (Mesmerismus) gilt heute als Wegbereiter der modernen Psychotherapie einschließlich der Psychoanalyse. 1786 glaubte der italienische Arzt und Naturforscher Luigi Galvani mit seinen „zuckenden Froschschenkeln" eine „thierische" oder „animalische Elektrizität" nachweisen zu können. Das Rätsel des „Nervengeistes" oder „Nervenfluidums" schien gelöst. Doch erst die darauffolgende Entdeckung der Kontaktelektrizität zwischen zwei sich berührenden verschiedenartigen Metallen durch den italienischen Physiker Alessandro Volta ermöglichte es, klar zwischen der Elektrizität des lebendigen Or-

---

[1] J. G. Schäffer [1752], 1766, S. 57.
[2] A. a. O., S. 78.
[3] Barneveld, 1787.

ganismus und derjenigen der Metalle zu unterscheiden. Letztere wurde nun in der Volta'schen Säule, der ersten Batterie, gespeichert und konnte durch Elektroden („Konduktoren") auf kranke Organe – insbesondere gestörte Sinnesorgane – abgeleitet werden. In einer Schrift zur medizinischen Anwendung des Galvanismus bei Nervenlähmungen wurden die elektrische Behandlung einer blinden jungen Frau (**Abb. 4**) und die eines jungen tauben Mannes (**Abb. 5**) illustriert. Der Autor dieser Schrift war der Arzt Christian Heinrich Ernst Bischoff. Er gehörte zu jenen Naturforschern in Jena – allen voran Johann Wilhelm Ritter –, die unter dem Vorzeichen der romantischen Naturphilosophie um 1800 elektrische Experimente durchführten. 1818 wurde Bischoff als Professor für Pharmakologie und Staatsarzneikunde an die neugegründete Bonner Universität berufen, die als preußische Reformuniversität Medizin und Naturforschung im Geist der romantischen Naturphilosophie voranbringen sollte.[1]

Der Galvanismus beflügelte um 1800 nicht nur romantische Naturforscher – wie etwa den erwähnten Physiker Ritter – in ihren naturphilosophischen Spekulationen, sondern auch praktizierende Ärzte. So setzte der amerikanische Arzt Elisha Perkins 1795 seine *„metallic tractors"* ein, die aus einer hufeisenförmigen Gabel aus Messing und Eisen bestanden. Sie sollten direkt die animalische Elektrizität, die sich in den kranken Körperteilen aufzustauen schien, ableiten und entladen. Die Begründung des Elektromagnetismus durch den englischen Naturforscher Michael Faraday um 1830 löste schließlich den Galvanismus ab und initiierte unter anderem die moderne Elektrotherapie („Faradisieren"), wie sie der französische Neurologe Duchenne de Boulogne um 1850 begründete.[2] Die therapeutische Anwendung der Elektrizität umfasst heute eine Vielzahl von anerkannten Verfahren, unter anderem die Diathermie (zum Beispiel Kurzwellenbehandlung) oder die Elektrokrampftherapie, worauf hier nicht näher einzugehen ist.

---

[1] Schott (Hg.), 1993.
[2] http://en.wikipedia.org/wiki/Duchenne_de_Boulogne (20.11.2010).

Im frühen 19. Jahrhundert nahm der Begriff der natürlichen Magie eine besondere Färbung an. Mit Hilfe innovativer technologischer Vorrichtungen konnten einerseits magisch erscheinende Effekte künstlich produziert werden, andererseits dienten solche technischen Inszenierungen wiederum als Enthüllungsinstrumente und sollten das staunende Publikum über die tatsächlichen Zusammenhänge aufklären. So verfasste der schottische Physiker und Erfinder des Kaleidoskops David Brewster „Briefe über die natürliche Magie" *(Letters on Natural Magic)*. Sie enthielten zahlreiche erläuternde Kupferstiche und waren an seinen Landsmann, den Dichter Sir Walter Scott, gerichtet.[1] Es handelte sich um ein regelrechtes Aufklärungsbuch, das Magie auf Zaubertricks zurückführte. So beschrieb Brewster alle möglichen Sinnestäuschungen, die mit Hilfe von technischen Erfindungen hervorgerufen werden konnten: Gespenster, Automaten, mechanische Tiere, wie etwa Vaucasons „künstliche Ente, welche [...] noch fressen, saufen und sich bewegen" konnte.[2] Wie auch chemische Experimente, etwa Gasexplosionen, erzeugt werden konnten, schilderte Brewster ausgiebig.

Interessant ist seine Darstellung einer klassischen „kataleptischen Brücke", wie sie im späteren Hypnotismus bezeichnet wurde, auf den er sich selbstverständlich noch nicht beziehen konnte. (**Abb. 6**) Vielmehr bezog er sich auf die legendäre Gestalt des *Firmus*, eines bärenstarken römischen Kaufmanns in Ägypten, der im 3. Jahrhundert lebte und dessen Beweise seiner Stärke bestimmte „Künstler" im frühen 18. Jahrhundert zur Nachahmung anregten. So berichtete Brewster von einem gewissen Johann Carl von Eckeberg, der als „Simson" in Europa umherreiste und seine Stärke demonstrierte.[3] Im besagten Experiment konnten sich ein oder zwei Mann auf seinen Bauch stellen oder ein Stein konnte auf seinen Bauch gelegt und mit einem Schmiedehammer zertrümmert werden. Die Kunststücke konnten angeblich von einer englischen Untersuchergruppe, darunter der bekannte Arzt Sir John Pringle, mit mecha-

---

[1] Brewster [1833], 1984.
[2] Ebd., S. 313.
[3] A. a. O., S 292.

nischen Grundsätzen erklärt und reproduziert werden. Die Magie entpuppte sich somit als „natürlich", nämlich mechanisch erklärbar. Aufklärung, d. h. Zurückführung der Phänomene auf wissenschaftlich erklärbare Gesetzmäßigkeiten war das Ziel solcher Bücher über natürliche Magie, die in den Jahrzehnten um 1800 ein großes Lesepublikum erreichten.[1] Sie boten Literaten von Friedrich Schiller bis Edgar Allen Poe fantastischen Erzählstoff.[2]

Die „Entdeckung" des „thierischen Magnetismus"

Mesmer promovierte im Jahre 1766 an der Wiener Universität zum Doktor der Medizin. Seine *„Dissertatio physico-medica"* trug den Titel *„De planetarum influxu in corpus humanum"*. Ihr Inhalt sollte für die spätere Begründung des animalischen Magnetismus programmatische Bedeutung erlangen. Mesmer wies später selbst darauf hin, dass er mit der These von der *gravitas animalis*, der Annahme einer „belebten Schwerkraft" oder „Anziehungskraft", wie sie ins Deutsche übersetzt wurde,[3] die Entdeckung des tierischen Magnetismus theoretisch vorbereitet habe.[4] In der Tat legte sie den gedanklichen Grundstein für sein späteres „System der Wechselwirkungen".[5] Mesmer begann seine Überlegungen mit den von Newton formulierten Naturgesetzen der Schwerkraft, deren Hauptsatz lautet: *„omnia corpora in se mutuo gravia sunt"* (alle Körper sind zueinander wechselweise schwer). Er verwies sodann auf Keplers Entdeckung der gesetzmäßigen Bewegungen der Himmelskörper, in denen sich dieses wechselseitige Kraftverhältnis der Körper widerspiegle. Für das irdische Leben stehe der Einfluss des Mondes im Vordergrund, der nicht nur Ebbe und Flut, sondern auch Luftbewegungen mit seiner Anziehungskraft verursache.

---

[1] Krätz, 1984, S. 440.
[2] A. a. O., S. 448 f.
[3] Bertsche, 1942, S. 13.
[4] Mesmer, 1781, S. 8 f.
[5] Mesmer, 1814.

Im Prinzip waren nach der Auffassung Mesmers jedoch nicht nur die flüssigen Massen Wasser und Luft dem Einfluss des Mondes ausgesetzt, sondern alle Körper, also auch die belebten Organismen einschließlich des Menschen. In diesem Kontext führte er den Begriff der *gravitas animalis* ein: Neben der allgemeinen Schwerkraft nach Newton gebe es noch eine andere Kraft, „die durch den endlosen Himmelsraum verteilt, das tiefste Innere jedwedes Stoffes ergreift (afficit), die die ungeheuren Himmelskugeln in ihren Bahnen hält, sie in jeglicher Stellung von ihrem rechten Weg ablenkt und in Unordnung bringt. Diese Kraft ist die Ursache der *allgemeinen Schwere* und bildet sehr wahrscheinlich die Grundlage aller körperlichen Eigenschaften: denn in den winzigsten Teilchen, flüssigen wie festen, *unseres Körpergefüges* (nostrae machinae) setzt sie die Bindekraft (Cohaesionem) in Tätigkeit, die Federung (Elasticitatem), Erregbarkeit (Irritabilitatem), Anziehung (Magnetismum) und die Elektrizität (Electricitatem), oder lockert und zerstört diese: und unter solchem Gesichtspunkt könnte man sie nicht zu Unrecht auch die *belebte Schwerkraft* (Gravitas Animalis) nennen. Wem wäre es je entgangen, daß die bedeutendsten Gemütsbewegungen (affectiones) unseres Körpers durch solche Stoffteilchen zustande kommen, die wir wegen ihrer übergroßen Feinheit (subtilitate) fast nicht zur Klasse der Stoffe rechnen können?"[1]

Mesmer setzte die „belebte" Schwerkraft in Analogie zur physikalischen („unbelebten") Schwerkraft der Himmelskörper und sah sie zugleich als deren Wesenskern an. Die *gravitas animalis* erschien ihm somit als das innerste Wirkprinzip der Natur schlechthin und bestand aus einem unstofflichen Stoff, einem „Lichtstoff" (*materia luminosa*), einer Kraft, „die in alle Körperteilchen eindringt und unmittelbar das ganze Nervengefüge, den Sinnesapparat, sogar die Nervenflüssigkeit erfaßt". Sie konnte demnach das Körpergefüge erschüttern, was jedoch nicht unterschiedslos für alle Körper in gleicher Weise gelte, „sondern so, wie bei einem Musikinstrument mit mehreren Saiten nur jener Ton rein wiederklingt, der mit einem gegebenen übereinstimmt, werden nur solche Körper

---

[1] Zit. n. Bertsche, 1942, S. 12 f.

bewegt, die nach Geschlecht, Alter, Gemütsart und besonderer Veranlagung u.s.w. sicher und bestimmt im Einklang stehen mit einer gegebenen Stellung am Himmel."[1]

Mesmer formulierte hier bereits die Vorstellung einer spezifischen
Wechselwirkung, an der er zeitlebens festhielt: Die *gravitas animalis* übe
nicht nur einseitig einen Einfluss auf den menschlichen Körper aus,
vielmehr könne sie überhaupt nur wirken, wenn dieser Körper auf sie
abgestimmt sei bzw. sich auf sie abgestimmt habe. Mesmer sprach in
diesem Zusammenhang die Vermutung aus, dass es etwas in der Natur
gebe, das imstande sei, „das Gleichgewicht im Haushalt des menschlichen Körpers zu stören und zu verändern und für viele Krankheiten die
Ursache oder die Heilung zu bieten". Die *gravitas animalis* erschien dem
zukünftigen Arzt Mesmer als Ursache von Gesundheit und Krankheit,
von Harmonie und Disharmonie. Mit dieser Idee einer Naturkraft antizipierte er seinen späteren „animalischen" oder „thierischen Magnetismus" und suchte in seiner ärztlichen Praxis nach empirischen Anhalts-
punkten für die *gravitas animalis*. Die „Entdeckung des thierischen Magnetismus", die er etwa acht Jahre später machte, war also kein blinder
Zufall, sondern die Antwort auf eine konsequent verfolgte Fragestel-
lung.[2]

Mesmers Suche nach einem allgemeingültigen Lebensprinzip stand ganz
in der wissenschaftlichen Tradition des 18. Jahrhunderts. Medizin und
Naturforschung fahndeten nach einem materiellen Substrat für den
geistigen Beweggrund des Lebens. So erblickte der Leidener Arzt und
Botaniker Herman Boerhaave im „Nervenfluidum" des Gehirns das
Grundprinzip des Lebens, der Hallenser Medizinprofessor Friedrich
Hoffmann sah es im „Äther" begründet und sein örtlicher Kollege Georg
Ernst Stahl identifizierte es mit der *„anima"*, der lebensspendenden
Seele. Der Heidelberger Arzt und Botaniker Friedrich Kasimir Medicus
nahm eine „Lebenskraft" außerhalb der organisierten Materie und Seele
an, als eine „einfache Substanz [...], die der Schöpfer allen organischen

---

[1] Zit. n. Bertsche, 1942, S. 17.
[2] Mesmer, 1781.

Körpern als belebende Kraft mitgeteilt hat".[1] Doch Mesmers Prinzip der *gravitas animalis* unterschied sich von den animistischen und vitalistischen Ansätzen seiner Zeit dadurch, daß er von physikalischen Begriffen wie Schwerkraft und Anziehungskraft ausging, womit er sein späteres „System der Wechselwirkungen" begründete.

Mesmer beschrieb 1781 in einem von ihm als vorläufig deklarierten Forschungsbericht sehr anschaulich seine „Entdeckung des thierischen Magnetismus". Er wollte seine Leser direkt mit seinen praktischen Erfahrungen konfrontieren, die er bei seinen „magnetischen Curen" gesammelt hatte. Dieser Bericht solle „nur ein Vorläufer meiner Theorie seyn", schrieb er zu Anfang.[2] Die mitgeteilten Erfahrungen sollten „die höchste Wahrheit in das vollste Licht setzen: *Die Natur bietet dem Menschen-Geschlecht ein allgemeines Heil- und Verwahrungsmittel gegen alle Krankheiten an.*"[3] Damit meinte Mesmer, die These seiner Dissertation empirisch eingelöst zu haben. Noch einmal referierte er die Grundzüge seiner Dissertation von 1766 und gab sie als die theoretische Grundlage seiner Entdeckung aus. Durch die Beobachtung des Krankheitsverlaufes bei einer Patientin, der „29-jährigen Jungfer Oesterlin", die er 1773 und 1774 in seinem Haushalt behandelte, zeigten sich ihm die „Ebbe und Flut" im Krankheitsgeschehen sowie „heilsame Crisen", die eine Erleichterung des Leidenszustandes herbeiführten.[4] Er beobachtete also eine natürliche Periodizität im Verlauf der Krankheit, eine natürliche Tendenz zur Selbstheilung des Organismus und postulierte eine ärztliche „Kunst, die periodische Ebbe und Fluth [...] nachzuahmen".[1]

Das Magneteisen in Form des Stahlmagneten war nun für Mesmer das geeignete Mittel, die Natur „nachzuahmen". Ihm waren die zeitgenössischen therapeutischen Versuche mit dem Magneten durchaus bekannt. So besorgte er sich von dem mit ihm befreundeten Wiener Hofastronomen Pater Maximilian Hell einige von diesem fabrizierte Stahlmagnete,

---

[1] Zit. nach Seidler, 1963, S. 136.
[2] Mesmer, 1781, S. 4.
[3] A. a. O., S. 5.
[4] A. a. O., S. 13.

mit denen er die „Jungfer Oesterlin" behandelte. Seine erste magnetische Kur schilderte Mesmer folgendermaßen: „Den 28ten Julius 1774 bekam die Kranke aufs neue einen ihrer gewöhnlichen Anfälle, und ich brachte bey ihr drey künstliche Magnete, einen auf dem Magen, zween auf den beyden Füssen an. Diß verursachte ihr, in sehr kurzer Zeit, ausserordentliche Empfindungen. Sie fühlte, innerlich, ein schmerzhaftes Ströhmen einer sehr feinen Materie, welches sich bald da, bald dorthin, endlich aber in die unteren Theile des Körpers zog, und sie 6 Stunden von allen fernern Anfällen befreyte."[2] Die erfolgreiche Behandlung dieser Patientin ermutigte Mesmer zur „Cur verschiedener Krankheiten". So berichtete er von der magnetischen „Cur" der 18jährigen „Jungfer Paradis", einer in früher Kindheit erblindeten Pianistin. Sein Heilerfolg wurde von den Autoritäten der Wiener medizinischen Fakultät in Frage gestellt. Es kam über diesen Fall zu einer aufsehenerregenden Auseinandersetzung, man warf Mesmer Scharlatanerie vor, sodass sich dieser schließlich gezwungen sah, Wien gegen Ende 1877 fluchtartig zu verlassen und im Frühjahr 1778 seinen Wohnsitz in Paris zu nehmen. Diese entscheidende Wende in Mesmers Lebensweg hat die bildende Künstlerin und Schriftstellerin Alissa Walser sehr einfühlsam in ihrem Roman „Am Anfang war die Nacht Musik" geschildert.[3] Die Krankengeschichte der „Jungfer Paradis" – von deren Vater für Mesmer niedergeschrieben[4] – erinnert in manchen Zügen an die Krankengeschichte der „Anna O." (Bertha Pappenheim), die rund ein Jahrhundert später der Wiener Arzt Josef Breuer einer kathartischen Behandlung unterzog.[5]

Mesmer teilte 1775 die Grundzüge des „thierischen Magnetismus" der Fachwelt mit und verschickte seine „Sätze" an zahlreiche wissenschaftliche Akademien.[6] Als Einzige antwortete ihm die „einige Berliner Akademie". „Weil sei aber die Eigenschafften des von mir beschriebenen

---

[1] A. a. O., S. 14.
[2] A. a. O., S. 15.
[3] Walser, 2010.
[4] A. a. O., S. 56-64.
[5] Breuer / Freud, 1895, S. 20-40; Hirschmüller, 1979, S. 348-382.
[6] Mesmer, 1781, S. 50-54; Mesmer 1779, S. 42-47.

thierischen Magnetismus, mit den Eigenschafften des gewöhnlichen Magnets, den ich doch nur als einen Leiter angebe, verwechselte, so gerieth sie in verschiedene Irrthümer, und erklärte sich: Ich müßte mich selbst getäuschet haben."[1] Mesmer fühlte sich grundsätzlich missverstanden. Seine Kritiker hätten „den thierisch [sic] und mineralischen Magnetismus" miteinander verwechselt, „ohngeachtet ich in allen meinen Schrifften ausdrücklich gezeigt hatte, daß der Gebrauch des letztern zwar nützlich, aber doch ohne die Theorie des erstern immer unvollkommen seye". Um solche Irrtümer ein für alle Mal auszuschließen und „die Wahrheit ins gehörige Licht zu setzen", entschloss sich Mesmer 1776, von der Elektrizität und dem „gewöhnlichen Magneten" keinen Gebrauch mehr zu machen.[2] Terminologisch sei hier angemerkt, dass die Ausdrücke „animalischer", „thierischer" und „Lebensmagnetismus" sowie (seit 1814) „Mesmerismus" – wie schon von Mesmer selbst – synonym verwandt wurden. Meines Wissens war der aus Tirol stammende Arzt und Magnetiseur Joseph Ennemoser der Einzige, der den „menschlichen Magnetismus", die „Wechselwirkungen des Menschen", als „Mesmerismus" definierte und unter dem „thierischen Magnetismus" die „unmittelbaren Wechselbeziehungen der Thiere mit der Natur und mit dem Menschen" verstand, also den Mesmerismus „im Gegensatz des thierischen Magnetismus" sah.[3]

Es ist hier zu fragen, ob nicht Mesmer selbst mit seiner physikalischen Beschreibung des tierischen Magnetismus den von ihm beklagten Missverständnissen Vorschub leistete, ja, inwieweit er nicht einem Selbstmissverständnis aufsaß. Denn er kennzeichnete seine Auffassung des animalischen Magnetismus nicht als eine metaphorische Redeweise, als Modellvorstellung, sondern verstand diesen als eine *reale* Entsprechung des gewöhnlichen (mineralischen) Magnetismus. So war für ihn der Eisenmagnet weniger ein gegenständliches Modell, eine Anschauungshilfe für eine abstrakte Sache, sondern vielmehr ein augenfälliges Ge-

---

[1] Mesmer, 1781, S. 29.
[2] A. a. O., S. 30.
[3] J. Ennemoser, 1852, S. 223-230.

genstück zum subtilen magnetischen Fluidum. In dem er schließlich den Gebrauch des Magneteisens aufgab, wollte er die völlige Unabhängigkeit des animalischen vom mineralischen Magnetismus demonstrieren. Damit behauptete er die Eigenständigkeit seines Heilverfahrens und distanzierte sich endgültig von der „Electricität" und dem „gewöhnlichen" Magneten.

Mit der Entwicklung eines magnetischen Kübels (*baquet*) bereicherte Mesmer schon bald nach der Abkehr vom Magneteisen, das er aber auch weiterhin bei Gelegenheit einsetzte, seine magnetische Technik. Er glaubte, das „Fluidum" in einem Behälter konzentrieren und es dann vermittels Eisenleitern seinen Patienten mitteilen zu können. Die Patienten gruppierten sich um die Fluidumquelle, mit dieser durch Eisenstangen und untereinander durch Seile verbunden, was die Wirkung erhöhen sollte. Das *setting* dieser Art von Gruppentherapie ähnelt sowohl hypnotischen Gruppensitzungen, als auch spiritistischen Séancen ein Jahrhundert später.[1]

In zahlreichen, zumeist satirisch zugespitzten zeitgenössischen Abbildungen wurden die mesmeristischen Gruppensitzungen, die bei einzelnen Teilnehmern „Krisen" auslösten, dargestellt. Mesmers theoretische Annahmen ermöglichten unterschiedliche Verfahren der Behandlungstechnik und ließen eine Reihe individueller Modifikationen durch die Therapeuten zu.[2] Die diesbezüglichen Angaben, etwa zur Konstruktion des *baquet*, seien keineswegs als „Axiome" anzusehen, da sie „doch eigentlich nur, man möchte sagen, Beispiels halber gegeben sind, und auf mannigfaltige Weise, selbst oft scheinbar widersprechend, modifizirt werden können", schrieb der Herausgeber von Mesmers Hauptwerk Karl Christian Wolfart in einem Kommentar.[3] Mesmer veröffentlichte in seiner Pariser Zeit programmatische Texte, in denen er vor allem die Geschichte seiner Entdeckung (*Mémoires*) und die Grundsätze des tieri-

---

[1] Bauer, 1986 [Abb. S. 104].
[2] Mesmer, 1814, S. 115 ff.
[3] Wolfart 1814, XXXXI.

schen Magnetismus (*Aphorismes*) darlegte.[1] Im nächsten Kapitel wollen wir uns seinem systematisch aufgebauten Spätwerk, dem „System der Wechselwirkungen", im Einzelnen zuwenden, dem er eine „vorläufige Einleitung" vorausgeschickt hat.[2]

Zweites Kapitel

Mesmerismus: Heilmagnetismus als Universalmedizin

Mesmers Terminologie erzeugte in der damaligen *scientific community* große Irritationen und führte rasch zu fundamentalen Missverständnissen. Der permanente Versuch, sein Konzept eindeutig und plausibel vorzutragen, scheiterte wohl vor allem daran, dass Mesmer zeitlebens an der physikalischen Auffassung der zu beschreibenden Phänomene festhielt. Wolfart, der beste Kenner, Übersetzer und Interpret des Mesmer'schen Werkes gab als dessen Herausgeber wichtige Hinweise. In seiner Vorrede „An den Leser" ging er auf die Problematik der Übersetzung aus dem Französischen ins Deutsche ein und unterstrich die ungeheuren Schwierigkeiten bei der Begriffsfindung. Der Leser solle beherzigen, „daß er es mit bildlich bedeutungsvollen Wirklichkeiten zu thun hat, welche die Sprache in ihm anregen soll".[3] So stellte Wolfarts Übersetzung – wie jede Übersetzung – zugleich eine bestimmte Interpretation dar. Er übersetzte *„influence"* nicht mit „Einfluss", sondern mit „Wechselwirkung" und betonte dadurch das wechselseitige Kräftespiel, das durch den Magnetismus interpersonell zur Entfaltung kommen soll. *„Fluide"* möchte er nicht mit „Fluidum" oder dem Adjektiv „flüssig" übersetzen, das ihm zu „stoffhaltig" klinge, sondern mit „Flut", „Flutstoff", „Flutendes", und *„fluide universel"* mit „All-Flut".[4] Insbesondere beim

---

[1] Mesmer, 1779 [a]; 1781; 1785 [a]; 1785 [b].
[2] Mesmer, 1812; 1814.
[3] Wolfart, 1814, S. XXXV.
[4] A. a. O., S. XXX f.

Begriff der „Wechselwirkung" machte sich die romantische Naturphilosophie mit ihrem Sympathiegedanken bemerkbar, der Mesmer im Gegensatz zu Wolfart distanziert gegenüberstand. Freilich entstand die Übersetzung in enger Zusammenarbeit des Herausgebers mit Mesmer und wurde von Letzterem gebilligt.

Das „unsichtbare Feuer"

Bereits in seiner Dissertation von 1766 hatte Mesmer analog zu Newton eine *„gravitas animalis"* (lebendige Schwerkraft) postuliert, die er als eine *„materia luminosa"* (leuchtende Materie) bezeichnete.[1] Um das „Grundwesen" des magnetisierten Körpers zu veranschaulichen, benutzte Mesmer später die Metapher des „unsichtbaren Feuers".[2] An anderer Stelle sprach er auch von „Lebensfeuer", ohne auf die Geschichte dieses Begriffes einzugehen, der in der frühneuzeitlichen Naturphilosophie insbesondere bei Paracelsus eine große Rolle spielte.[3] Diese Ausdrücke illustrierten den theoretischen Kern und den praktischen Ansatz Mesmers am deutlichsten. Das „wirksame Grundwesen" des tierischen Magnetismus werde durch ein „unsichtbares Feuer gesetzt, deshalb unsichtbar, da es keinem der gewöhnlichen Sinne fühlbar wird". Die betreffenden Passagen zeigen die naturphilosophische Ausrichtung Mesmers. Sie beruhte auf der *magia naturalis* und integrierte zugleich die zeitgemäßen physiologischen Theorien und die neuesten technologischen Errungenschaften. „Dieses Feuer ist seinem Ursprung nach ein künstliches Produkt, welches ich in meinem Individuum hervorgerufen und auf gewisse Weise entflammt habe, indem ich die Einwirkungsmittel des Natur-Magnetismus bis zu dem Grad vereinigte und konzentrirte, daß dieses Feuer dadurch hervorgebracht werden konnte. Die erwägende Erfahrung hat es bewiesen, daß dieses so eingesetzte Grundwesen etwas von der Natur des Feuers habe, es ist keineswegs eine *Substanz,*

[1] H. Schott, 1982, S. 197.
[2] Mesmer, 1814, S. 18; 110.
[3] Mesmer, 1814, S. 163.

sondern eine Bewegung, gleich dem Ton in der Luft, gleich dem Licht im Aether, in einer gewissen Reihe der Gesammtflut modifizirt. Jedoch diese Flut oder diese Reihe ist nicht die des gewöhnlichen Feuers, noch die des Lichts, noch die im Magnet und bei der Elektrizität beobachtete: sondern sie ist von einer Ordnung, welche alle an Feinheit und Beweglichkeit übertrifft."[1]

Solche Spekulationen waren bereits vor Erfindung und Nutzung der künstlichen Elektrizität im zweiten Viertel des 18. Jahrhunderts schon vielfach angestellt worden. Der „Magnetismus" diente als Schlüsselbegriff der *magia naturalis*, wobei besonders Athansius Kircher zu erwähnen wäre. Interessanterweise erschien 1723 die deutsche Übersetzung eines Buches über „magisch-magnetische Heilkunde", das Ferdinand Santanelli, Medizinprofessor in Neapel, verfasst hatte. [2] Dieser antizipierte ein Stück weit die Mesmer'sche Lehre. Ob Mesmer eventuell direkt von Santanelli beeinflusst wurde, sei dahingestellt. In einem Schreiben vom 8. Mai 1723 hatte Santanelli sein Buch der *Royal Society* („Der hohen Königl. Englischen Gesellschaft!") gewidmet. Er wollte die Magie als eine Naturwissenschaft verteidigen, gehe es doch um die „unbestreitbare Natürlichkeit und die Wirkungsweise der Magie", wie er in der Überschrift zum zweiten Kapitel formulierte: „Daß es eine solche Wissenschaft gebe, daß sie natürlich sei und nach der einfachen Ordnung der Natur wirke, wird hoffentlich Niemand bestreiten".[3] Santanellis „einleitenden Sätze" erinnern an Mesmers „Lehrsätze" zur Fluidumtheorie.[4] Der erste Satz stellte die fluidale Weltseele vor: „In der Welt existirt etwas allen Körpern Gemeinschaftliches, in welchem sie Bestand haben, und von dem sie beständig afficirt und durchdrungen werden; man nennt dasselbe im Allgemeinen Weltseele, und es ist das feinste geistige Fluidum, das alle Wirkungen leitet, die in der Welt stattfinden und zum Vorscheine kommen."[5] Der fünfte Satz beschrieb die geistige

---

[1] A. a. O., S. 110.
[2] Santanelli [1723/1855] 1978.
[3] Ebd., S. 24.
[4] A. a. O., S. 50-56; Mesmer, 1785 [b].
[5] Santanelli [1723/1855] 1978, S. 50 f.

Feinheit der „Theilchen": „Diese geistigen Theilchen stehen wegen ihrer außerordentlichen Feinheit und möglichsten Körperlosigkeit der vernünftigen Seele am nächsten, welche der wahre immaterielle, unsterbliche Geist ist, der den menschlichen Körpern vorsteht und sie regiret." Soweit Santanellis Antizipation der Idee des animalischen Magnetismus.

Das „unsichtbare Feuer" war für Mesmer die „tonische Bewegung" schlechthin, die „sich mittheilen und alle beseelten und unbeseelten Körper, so zu sagen, entflammen" könne. Mesmers Grundproblem ergab sich aus der Bestimmung des Verhältnisses von natürlichem (mineralischem) und tierischem (animalischem) Magnetismus, dem springenden Punkt seiner Theoriebildung. Mesmer bestimmte dieses Verhältnis zunächst analogisch. Die Analogie zwischen beiden wies zwei verschiedene Ebenen auf: Zum einen wurde der tierische Magnetismus mit dem natürlichen insofern gleichgesetzt, als beide als reale physikalische Wechselwirkungen begriffen wurden, unterschiedlich nur in ihrer „Feinheit". Zum anderen aber diente der natürliche Magnetismus nur als Gleichnis, als Modellvorstellung für den tierischen, war von diesem kategorial unterschieden wie das „unsichtbare" Feuer vom sichtbaren. Jenes sei „keinem der gewöhnlichen Sinne fühlbar", dieses dagegen direkt sinnlich wahrnehmbar. Die Kritiker und Feinde des Mesmerismus hätten sich, so Mesmers Vorwurf, immer nur an der zuerst genannten Ebene der Analogie festgemacht und den tierischen mit dem natürlichen Magnetismus „verwechselt". Wenn er an dieser direkten Analogie gleichwohl festhielt, so wollte er die Realität des tierischen Magnetismus als unumstößliche Tatsache darstellen, an der keinerlei Zweifel bestand. Zu diesem Zwecke benutzte er die ihm geläufige Sprache der Naturwissenschaft und entwickelte sein System ganz im Dienste der Aufklärung, deren Denken er bereits als Student in Dillingen und Ingolstadt erfahren hatte.[1] Der aufklärerische Charakter des Mesmer'schen „Systems" ging anschaulich aus dem Verhältnis der beiden Hauptteile seiner Schrift hervor: „Physik" und „Moral". Der physikalische Teil sollte die Natur als Lehrmeisterin darstellen, von der man

---

[1] Kupsch, 1985.

„den Plan einer allgemeinen Erziehung" lernen könne, sodass man die Moral und insbesondere die „wahren Grundsätze der Erziehung [...] einzig und allein durch das *Studium der Natur* kennen lernen" könne.[1]

Mesmer bestimmte jedoch das Verhältnis von tierischem und natürlichem Magnetismus nicht nur analogisch, wie oben dargelegt, sondern sah in Ersterem zugleich eine komplementäre Ergänzung unserer Lebenskraft. Unsere natürliche Lebenskraft könne nämlich, so Mesmers Annahme, durch eine künstliche gestärkt werden. „So wie [...] der natürliche Magnetismus das wahre Grundwesen unsrer Erhaltung ist, so ist der *thierische Magnetismus,* wohl geleitet, das allgemeine Mittel die gestörte Harmonie in allen möglichen Fällen wieder herzustellen. Auf diese Weise wird zugleich unter dem thierischen Magnetismus eine neue ärztliche Wissenschaft, oder *die Kunst Krankheiten zu heilen und zu verhüten,* verstanden."[2] Als Heilmittel des tierischen Magnetismus sah Mesmer jenes „unsichtbare Feuer" an, das den verfestigten Körper, den Organismus im Zustand der Disharmonie, wieder in Bewegung bringe. Wir werden im Folgenden auf Mesmers Theorie und Praxis des Magnetisierens näher eingehen, wollen zuvor jedoch noch einen Blick auf seine Persönlichkeit werfen.

Er wurde von Anhängern seiner Lehre immer wieder als eine lautere, Freundlichkeit ausstrahlende Gestalt geschildert, die seit frühester Kindheit von einer starken Naturverbundenheit geprägt war. In dieser Perspektive erschien er – von Justinus Kerners erster Mesmer-Biografie[3] bis hin zu Mesmers ideengeschichtlicher Einordnung durch Ernst Benz[4] – als weiser und gelehrter Naturarzt, der voller Güte und Bescheidenheit auftrat und heilte. Man verlieh im gerne den Ehrentitel eines „Magiers", wie es der katholische Dichter Reinhold Schneider getan hat, der selbst aus der Mesmer'schen Familie abstammte und seinem berühmten Verwandten die Erzählung „Der Stein des Magiers"

---

[1] Mesmer, 1814, S. LXX.
[2] A. a. O., S. 19.
[3] J. Kerner, 1856.
[4] Benz, 1977.

widmete.[1] Der Mesmer-Biograf Ernst Florey setzte dem „Magier vom Bodensee" ein literarisches Denkmal – ein markanter Topos, der auf den von vielen als magisch empfundenen Bodensee abgestimmt war.[2] Nach allem, was wir wissen, blieb sich Mesmer bis ins hohe Alter treu und hielt an der naturphilosophischen Begründung seiner Fluidumtheorie fest. Er verkünde „das Evangelium der Natur", so schrieb er an Lorenz Oken am 22. Oktober 1811.[3] Im hohen Alter erfuhr er von romantisch inspirierten Ärzten und Naturforschern wie Lorenz Oken, der ihn 1811 in Frauenfeld besucht hatte, Anerkennung und Bewunderung. Karl Christian Wolfart, der Herausgeber von Mesmers Hauptwerk, schrieb über seine Begegnung mit dem alten Meister 1813 in Meersburg mit zeittypischer hagiografischer Stilisierung, wie sehr ihn u. a. „das Umfassende, Helle und Durchdringende seines Geistes" sowie „die Feinheit seiner Sitten, die Liebenswürdigkeit seines Umgangs" beeindruckt habe.[4] Hinzu komme „eine noch überaus thätige, fast wunderbare Kraft der Einwirkung auf Kranke mit dem durchdringenden Blick oder blos still erhobenen Hand, und alles dieses durch eine edle, Ehrfurcht einflößende Gestalt gehoben".

Mesmer besaß offenbar eine charismatische Ausstrahlung, die nicht an ein prachtvolles Ambiente gebunden war, worüber er in seiner Wiener und Pariser Praxis verfügt hatte. Auch als seine publikumswirksame Glanzzeit mit Ausbruch der Französischen Revolution zu Ende ging und er dann vorwiegend im Bodenseeraum an verschiedenen Orten der Schweiz und Vorderösterreichs mit einer stattlichen Staatsrente, die ihm die französische Regierung zugestanden hatte, lebte, war er im Stillen immer wieder bis wenige Wochen vor seinem Tod am 14. Februar 1815 als Magnetiseur tätig.[5] Ähnlich wie Wolfart beschrieb der Meersburger Seminarist Heinrich Schreiber in Rückerinnerung an Mesmers Beerdigung dessen „ehrfurchgebietende Gestalt [...] mit dem durchdrin-

---

[1] R. Schneider, 1949.
[2] Florey, 1995.
[3] Zit. n. Benz, 1977, S. 8
[4] A. a. O., S. 9; Wolfart, 1814, S. XIX.
[5] Florey, 1995, S. 250-252.

38

genden Blicke und der still gehobenen Hand, aus der eine wundervolle Kraft auszuströhmen schien".[1]

Mesmer schilderte 1779 zum ersten Mal die Geschichte seiner Entdeckung (*Mémoires*) und gab einen systematischen Überblick über deren Tragweite in thesenartiger Form (*Aphorismes*).[2] Die 334 Aphorismen waren in Hauptkapitel unterteilt, wobei das letzte die medizinische Anwendung der magnetischen Behandlung (*notions générales sur le traitement magnétique*) darstellte. Darin empfahl er unter anderem magnetisiertes Wasser gegen Tumore und Geschwüre.[3] Bei Krankheiten der Gebärmutter, Dysmenorrhö oder Gebärmutter- und Vaginalvorfall empfahl Mesmer sogar, mit der Hand die Vulva zu magnetisieren: *„la paume de la main appliquée sur la vulve hâte le flux menstruel et remédie aux pertes; cela doit être utile dans le relâchement et les chutes de la matrice et du vagin."*[4] Bei Mesmer finden sich meines Wissens darüber hinaus keine weiteren Hinweise zum Handauflegen auf die Vulva. Dass er solche Behandlungen vorgenommen hat, liegt nahe, spricht er doch in diesem Zusammenhang von *„ces observations"*. Die Übergänge zu sexualmagischen oder -therapeutischen Verfahren, wie sie später explizit diskutiert wurden,[5] waren beim Mesmerismus fließend.

Im Anhang zum soeben referierten Buch wurde der Brief eines Arztes, eines *„élève de Mesmer"*, abgedruckt, der ein Licht auf die erotisch aufgeladene Behandlungsatmosphäre wirft.[6] Darin machte er eine interessante Anmerkung zur „sympathischen Vereinigung von Magnetisierten" (*de l'union sympathique des magnétisés*): Wenn sich zwei Magnetisierte in der Krise vereinigen wollten, sollte man sie nicht daran hindern und die Süße ihrer sympathetischen Verbindung nicht unterbrechen (*en faisant cesser la douceur et le charme de leur union sympathique*).[7] Freilich be-

---

[1] A. a. O., S. 253.
[2] Mesmer, 1779 [b].
[3] Ebd., S. 170: Aph. 320.
[4] A. a. O., S. 172: Aph. 332.
[5] Schott, 2014, Bd. 2, Kap. 47 u. 49.
[6] Zit. a. a. O., S. 175-206.
[7] Ebd., S. 188.

schrieb er diese „sympathische Vereinigung" nicht konkret. Eine gegenüber der zu magnetisierenden Person feindlich eingestellte sollte aus
dem Zimmer gehen, denn *„son intention malfaisant pourrait contrarier
l'action du fluide magnétique et son effet deviendrait inverse ou nul."* Der
Autor schilderte auch seine Erfahrungen mit dem Fernmagnetisieren
(*magnétisation à distance*)" und dem Magnetisieren mit Hilfe von Reflek-
toren sowie der Verstärkung durch Luft und Ton.[1] Es sei nicht nötig, die
Kranke (*cette dame*) zu berühren, anatomische Kenntnisse und Konzentration des Willens seien zum Magnetisieren ausreichend: *„supposant
toujours que le magnétisant connaisse l'anatomie, il dirige son intention
vers cette dame, de manière qu'il se représente le viscère malade tel qu'il
serait à découvert s'il était disséqué, et doit envisager non seulement
d'idée, la partie qu'il magnétise, mais même diriger sa vue sur l'objet que
sa pensée contemple en opposition".*[2]

„Heilsame Krisen" durch magnetische „Mittheilung"

In einem Kapitel von „Mesmerismus" fasste Mesmer (bzw. der Herausgeber Wolfart) die Grundzüge seiner Technik des Magnetisierens präg-
nant zusammen. Das Konzept seiner magnetischen Heilkunst war recht
einfach einzusehen: Die im Magnetiseur konzentrierte Ladung sollte auf
den zu Magnetisierenden übergehen und das „unsichtbare Feuer" durch
die magnetische Behandlung im Kranken entflammen. Entsprechend
lautete Mesmers Definition: *„Magnetisieren* ist: dieses Feuer durch eine
Art Erguß oder Entladung dieser Bewegung erregen und mittheilen.
Dieser Erguß bewirkt sich durch unmittelbare Berührung, oder durch
die Richtung der Extremitäten oder der Pole eines Individuums, welches
dieses Vermögen oder dieses Feuer besitzt, oder auch selbst durch die
Absicht und den Gedanken. Da jegliche organisirte Substanz von dieser
Flut-Reihe durchdrungen ist, so ist sie auch fähig dieses Feuer oder diesen Ton anzunehmen, und magnetisirt zu werden; gerade so wie jede

---

[1] A. a. O., S. 194-196.
[2] Ebd., S. 195.

mit Luft durchdrungene Substanz Leiter des Schalls werden kann."[1] Dieses Zitat belegt das strikt energetische Denken Mesmers: Der Magnetiseur verfügt also über eine Ansammlung von „flutender" Energie, die er durch „Erguß oder Entladung" dem zu Magnetisierenden „mittheilen" kann, sodass dieser energetisch mit „Flutstoff" aufgeladen wird und seinen disharmonischen Zustand der körperlichen Verfestigung – Mesmer spricht in diesem Zusammenhang von „Festwerden" und „Verfestung" – wieder auflösen, seinen erstarrten Körper wieder in Bewegung setzen kann.[2]

So lautete seine genauere Definition: „*Magnetisiren* endlich ist nichts anders, als mittelbar oder unmittelbar die tonische Bewegung der feinen Flut, mit der die feine Nervensubstanz geschwängert wird, mittheilen; dies ist es, was dieses *Agens* setzt, welches heilsame *Krisen* aller Arten, als die wahren Mittel zur Heilung, bestimmen kann."[3] Vollzugsorgan der magnetischen Induktion tonischer Bewegung war die Muskulatur: Die magnetische Behandlung zielte darauf ab, „in der Muskelfiber die Reizbarkeit wieder zu beleben, woraus *Krisen* entstehen".[4] Der Magnetiseur durchflute gleichsam mithilfe seines *Agens* den magnetisierten Körper seines Patienten und verflüssige dessen körperlichen Verfestigungen, mache dessen Körper wieder beweglich. Mesmer nannte den Grundvorgang des Magnetisierens die „Mittheilung" des „unsichtbaren Feuers" oder der „tonischen Bewegung": „Die wirkliche Mittheilung bewirkt sich durch die unmittelbare oder mittelbare *Berührung* mit einem magnetisirten Körper, das heißt mit einem von diesem unsichtbaren Feuer entzündeten Körper: so, daß durch die bloße Richtung der Hand und mittels Leiter (Konduktoren) und Mittelkörper jedweder Art, selbst durch die Blicke, der bloße Wille dazu hinreichen kann."[5] Die Begriffe „Mittheilung" und „Feuer" waren bereits in früheren Schriften über die Elektrizität aufgetaucht, etwa bei dem Wittenberger Physiker

---

[1] Mesmer, 1814, S. 117.
[2] A. a. O., S. 46.
[3] A. a. O., S. 119.
[4] A. a. O., S. 118.
[5] A. a. O., S. 112.

Georg Matthias Bose (Kap. 1).[1] Diese viel diskutierten elektrischen Übertragungsphänomene waren für Mesmer das gedankliche Vorbild, ein Analogon für die magnetische Flutübertragung: Der Magnetiseur teilte eine Naturkraft mit, teilte sie mit dem Patienten. Es handelte sich um den Anschluss an eine gemeinsame Kraftquelle. So konnte also von Verschiebung, Erschöpfung, Verzehrung des „unsichtbaren Feuers" durch den magnetischen Akt keine Rede sein: „Die Mittheilung bewirkt sich durchaus nicht auf Unkosten des ursprünglichen Brennpunkts".

Verfolgen wir nun die technische Darstellung des Magnetisierens. Die „Mittheilung" eines magnetischen Stroms hatte auf dem Weg zwischen Brennpunkt (Quelle des tierischen Magnetismus) und dem Empfänger (dem Magnetisierten) einen „Mittelkörper" zu durchlaufen. Die „Fortpflanzung" der magnetischen Bewegung „geschieht durch eine Erschütterung gleich Licht und Schall [...] in der stetigen Fortgesetztheit des feinen Stoffes durch alle flüssigen und festen Körper, welche einigermaßen mit dem magnetisirten Körper in ununterbrochener Verbindung stehen". Die Bewegung wird also gleichsam ausgestrahlt und von einem „Mittelkörper" zum empfangenden Organismus weitergeleitet. Als Leiter oder „Vehikel" kam die „feine Flut", die „All-Flut" infrage, analog zu manifesten „Mittelkörpern" wie Schall und Luft.

Da für Mesmer auch der „Gedanke" und der „Wille" in einer „modifizirten Bewegung von einer der Flut-Reihen in der Nervensubstanz oder des Gehirns besteht", konnten auch diese die Bewegung übermitteln, „dieses unsichtbare Feuer übertragen und die Leiter seiner Richtungen werden".[2] Eine solche Gedanken- und Willensübertragung war für Mesmer ein durchaus physikalischer Vorgang, dem beim Magnetisieren keine Sonderstellung zukam und dem er keine besondere Aufmerksamkeit schenkte. Mesmer kannte eine Reihe von Verfahren, um die Fortpflanzung des magnetischen Stroms zu verstärken. Alle möglichen Methoden, mit denen die Bewegungsflut konzentriert, beschleunigt, angeregt werden könne, zählte er auf: Verstärkung durch Gemeinschaft mit

---

[1] Bose, 1744, S. VII u. XXXIII.
[2] A. a. O., S. 113.

anderen magnetisierten Körpern, durch das Dazwischenschalten dichter Stoffe, durch innerlich bewegte Körper wie Tiere und Pflanzen, durch Ausnutzung des Erdmagnetismus, ja, die Wirksamkeit des Magnetismus könne auch vermehrt werden durch „Überredung", „Überzeugung", „Gewohnheit".[1]

Mesmer verglich die „Verstärkung" mit dem Anblasen eines Feuers: „Dieses [unsichtbare] Feuer wird auch durch jedwede im Mittelkörper aufgeregte Bewegung verstärkt, wie: *Geräusch, fortgesetzter Schall, Gesänge, Gebete* vieler versammelten Menschen, lautes Lesen usw. auch *Elektrizität* – alle diese sind in dieser Hinsicht das, was der Wind oder das Blasen für das Feuer ist." Mesmers therapeutisches Konzept ließ sich somit leicht begreifen: Im Zentrum stand die „Mittheilung" des „unsichtbaren Feuers", die Übertragung einer unstofflich gedachten Bewegung (Flut) von einem Körper (der Quelle oder dem Brennpunkt) auf einen anderen (den verfestigten oder kranken Organismus). Alle Techniken des Magnetisierens zielten darauf ab, das „Lebensfeuer" dort wieder zu entzünden, wo es am Verlöschen war. Heilen bedeutete für Mesmer, den kranken Menschen mit der Naturkraft des animalischen Magnetismus buchstäblich anzustecken. Die dabei auftretenden „Krisen" waren dabei nur der äußere Ausdruck, das Zeichen für das neu entfachte Lebensfeuer. Mesmer kannte „unterschiedliche Verfahrensweisen", welche er „für die nützliche Anwendung bei der Behandlung von Krankheiten" erfunden habe: die Berührung mit der Hand, die Gruppenbehandlung mit einem „Behältniß" (auch *„Parapathos"* oder *„Baquet"* genannt) oder mit einem magnetisierten Baum.[2] Wir wollen jedoch hier auf diese speziellen Techniken nicht näher eingehen, die eine ungeheure Auswirkung auf die medizinische Praxis hatten und in mannigfaltigen Abwandlungen außerhalb der akademischen Medizin bis heute ihre Nachahmer gefunden haben.

Mesmer fasste in einem Kapitel seines Werkes seine Auffassungen „über die Gesundheit, das Leben und die Krankheit" zusammen. Erst auf die-

---

[1] A. a. O., S. 114.
[2] A. a. O., S. 115 f.

sem theoretischen Hintergrund lässt sich sein therapeutischer Ansatz erkennen und zeigt dessen globales Therapieziel. Mesmer definierte zunächst das Verhältnis von Leben und Tod, um darauf das Verhältnis von Gesundheit und Krankheit in diesem Rahmen einzuordnen. Das „unsichtbare Feuer", das die magnetische Kur ermögliche, erwies sich als Stellvertreter, Teilhaber des „Lebensfeuers": „Das Grundwesen des Lebens (das Lebensprinzip) im Menschen besteht in einem Antheil des *Lebensfeuers,* welches er mit dem Beginn seines Lebens empfangen hat, und welches durch den Einfluß der All-Bewegung unterhalten und genährt wird. [...] Das Leben des Menschen fängt durch die Bewegung an, und endigt durch die Ruhe. Die gänzliche Erlöschung der tonischen Bewegung oder des Lebensfeuers ist der Tod."[1]

Mesmer definierte Gesundheit als ein bestimmtes (quantitatives) Verhältnis von Bewegung und Ruhe, das sich im Verlauf des Lebens immer mehr der Ruhe zuneigt. Krankheit fange dort an, wo das Festwerden vorzeitig einsetzt. Gesundheit dagegen imponiert als die „vollkommene Ordnung", als der Zustand der „Harmonie".[2] Sie bezeichnet nichts anderes als die Ausgewogenheit zwischen Bewegung und „Verfestung", die dem betreffenden Lebensalter zukommt. Krankheit dagegen heißt derjenige „entgegengesetzte Zustand [...], wobei die Harmonie gestört ist." Hauptursache der Krankheit, der „Verfestung", sei die *Unthätigkeit der Muskelfiber",* die „Verwirrungen und Hindernisse in der Bewegung der Gefäße" hervorrufe und die „Verrichtungen" des Körpers blockiere.[3] Die Natur selbst müsse in mehr oder minder schwerem Kampf „gegen den Widerstand, oder die Stockung, eine Anstrengung mache[n]". Diese Anstrengung nannte Mesmer die „Krise". Seine Formel lautete: *„Die Krise ist die Anstrengung der Natur gegen die Krankheit."*[4] Mesmer lehnte sich in seiner Stadieneinteilung der Krisen („Beunruhigung", „Kochung", „Ausleerung") an das humoralpathologische Schema des auch im 18. Jahrhundert noch fortlebenden Galenismus an.

---

[1] A. a. O., S. 163.
[2] A. a. O., S. 168.
[3] A. a. O., S. 169.
[4] A. a. O., S. 170.

Krankheit entstand demnach durch eine „Stockung" der Säftezirkulation und äußerte sich als „Widerstand" gegen die Wirkung der natürlichen Heilkraft. Somit resultierte aus dem „Kampf zwischen der Anstrengung der Natur und dem Widerstande" eine „Beunruhigung", die den Krankheitsprozess anzeigte. Wenn „Stockung" für Mesmer gleichbedeutend mit dem Krankheitsprinzip war, so wurde die „Krise" mit dem Prinzip der Heilung gleichgesetzt. „Da die allgemeine Ursache aller Krankheiten die Erlöschung der Bewegung in den Gefäßen, oder die *Stockung* ist; so kann sich auch keine Heilung bewirken ohne eine Krise, und die Kunst zu heilen beschränkt sich entschieden auf die Kenntniß: Krisen hervorzurufen, ihren Gang und ihre Entwicklung zu leiten und zu erleichtern."[1] Mesmer traf nun eine sehr interessante Unterscheidung zwischen *„symptomatischen* Zufällen" und *„kritischen* Zufällen" und stellte damit zwei Kategorien von Krankheitszeichen einander gegenüber: Die erste verwies auf die Wirkungen der „Ursache der Krankheit" und hatte somit die Krankheitssymptomatik zum Inhalt, die zweite verwies auf „Anstrengungen der Natur gegen die Ursachen der Krankheit" und hat somit die Heilungssymptomatik zum Inhalt. „Zufälle" waren für Mesmer gleichbedeutend mit „Symptomen", sodass wir hier mit einer Gegenüberstellung von Krankheitssymptomen und Heilungssymptomen konfrontiert sind.[2] Entsprechend stellte Mesmer nun zwei verschiedene Arten des Schlafes einander gegenüber: nämlich den *„symptomatischen"* Schlaf als Ausdruck der Krankheit und den „kritischen" oder *„magnetischen"* Schlaf als Ausdruck einer Heilungsanstrengung. Der krankhafte Schlaf mit seinen verschiedenen Ausprägungen – vom „Somnambulismus" bis zur „Epilepsie" – war also der Gegenpol zum Heilschlaf, den der tierische Magnetismus hervorrufen sollte.[3]

Mesmer fasste sein therapeutisches Konzept in zwei für seine Heilkunst verbindliche „Heilgebote (Indikationen)" zusammen, die er aus seiner soeben skizzierten Krankheitsauffassung direkt ableitete: „1. Die Hin-

---

[1] A. a. O., S. 171.
[2] A. a. O., S. 173.
[3] A. a. O., S. 172.

dernisse zu vermindern oder zu heben. 2. die Verrichtung der Natur durch eine fortgesetzte, gehörig schattirte, sanfte und harmonische Anwendung der magnetischen Ströme zu vermehren."[1] Dieses therapeutische Konzept basierte auf der Vorstellung einer hilfreichen Interaktion zwischen Menschen, die durch magnetische „Wechselwirkung" ermöglicht wurde. „Derjenige unter allen Körpern [...], welcher auf den Menschen mit der meisten Kraft zu wirken vermag, ist sein Nebenmensch."[2] Mesmer betonte die Besonderheit der „gegenseitigen Gravitazion" unter den Menschen, welche „die möglichst stärkste Wechselwirkung (Influenz) auf einander üben, wenn sie so gestellt sind, daß ihre entsprechenden Theile auf einander in dem allergenauesten Gegensatz wirken."[3]

Magnetisieren, Einfluss ausüben, ist folglich für Mesmer kein einseitiger Akt der Beeinflussung, sondern vielmehr eine gemeinsame Bewegung, eine „Wechselwirkung", vergleichbar mit der gegenseitigen Anziehung der Himmelskörper. So erschien der Magnetiseur nicht eigentlich als Urheber der magnetischen „Flut", sondern nur als deren Vermittler: Er erzeugte sie nicht aus eigener Machtfülle, sondern konzentrierte sie nur in seiner Person, um sie weiterzuleiten, anderen Menschen mitzuteilen. Ziel des tierischen Magnetismus war die gemeinsame Teilhabe an der All-Flut, die das Lebensprinzip („Lebensfeuer") jedes Individuums darstellte.

Diese therapeutische Grundidee einer gemeinsamen Teilhabe an der magnetischen Flut wird nirgends deutlicher als dort, wo Mesmer die Wirksamkeit seiner magnetischen Gruppentherapie mithilfe eines „Behälters" (baquet) erklärte: „Sie [die Kranken] sitzen so nah als möglich beisammen, um sich mittels der Schenkel, der Knie und Füße zu berühren; so bilden sie gewissermaßen einen zusammengränzenden Körper, in welchem die magnetische Flut beständig zirkulirt und durch alle Punkte der Berührung verstärkt wird, wozu noch die Stellung der Kran-

---

[1] A. a. O., S. 175.
[2] A. a. O., S. 176.
[3] A. a. O., S. 177.

ken, die sich gegeneinander im Gesicht befinden, beiträgt."[1] Mesmer wollte damit die individuellen Körpergrenzen überwinden. Die einzelnen Menschen sollten „einen zusammengränzenden Körper" bilden, zu *einem* Organismus verschmelzen, im buchstäblichen Sinne solidarisch werden. Alle speziellen Verfahren des Magnetisierens dienten nur dazu, die „Wirkungskraft der Natur gegen den Widerstand" als Krankheitshindernis zu verstärken.[2] Die magnetische Kur sollte die freie Zirkulation der magnetischen Flut, das heißt die „Harmonie", wiederherstellen.

Mesmers bedeutendster Schüler war der französische Offizier Armand Marie Jacques de Chastenet de Puységur (Marquis de Puységur), der ab 1785 ein Artillerieregiment in Straßburg kommandierte und dort eine eigene Schule bzw. „Gesellschaft" des animalischen Magnetismus gründete, die *Société Harmonique des Amis Réunis*. Puységur lehnte die Fluidumtheorie ab, betonte die psychologischen Faktoren des Magnetisierens und interessierte sich vor allem für den vom Magnetiseur induzierten (künstlichen) „Somanmbulismus", den er erstmals an dem 23-jährigen Victor Race, einem an seinem Familiensitz angestellten Bauern hervorrufen und beschreiben konnte.[3] Wie für Mesmer war auch für Puységur die Natur die Lehrmeisterin der Heilkunst, und er schrieb bezeichnenderweise *NATURE* mit Großbuchstaben.[4] Sein therapeutischer Leitspruch lautete *„croyez, & voulez!"* (Glauben Sie und wollen Sie!), der in das hier zitierte Buchexemplar aus der Universitätsbibliothek Freiburg am Ende in markanter Handschrift – möglicherweise vom Autor selbst – eingetragen ist.[5] Er riet den Magnetiseuren, nicht verkrampft nach Effekten zu haschen, sondern „gutherzig" (*de bon coeur*) zu arbeiten, um zu heilen. Die Natur werde immer entsprechend der Mühe, die man sich gibt, antworten (*la NATURE répondra toujours avec usure aux soins qu'on se donnera*).[6] Im Postskriptum seiner « Mémoires »

---

[1] A. a. O., S. 187.
[2] A. a. O., S. 196.
[3] Puységur, 1784, S. 209-232 (Supplement).
[4] A. a. O., S. 178.
[5] A. a. O., S. 232
[6] Puységur, 1786, S. 155.

in der Ausgabe von 1786 fasste Puységur noch einmal die Leitsätze seiner Behandlungsmethode zusammen:

> « *Volonté active vers le bien;*
> *Croyance ferme en sa puissance;*
> *Confiance entiere en employant.* »[1]

Auch lange nach der Französischen Revolution rief Puységur die Ärzte dazu auf, den animalischen Magnetismus als ergänzende Heilmethode anzuerkennen, so etwa in seinem Appell an die Mitglieder der Medizinischen Fakultät von Paris („*A Messieurs les Médecins de la Faculté de Paris*") vom 4. Juli 1811.[2] Dabei verglich er Mesmer mit Columbus, freilich sei Ersterer in eine andere Neue Welt eingedrungen, nämlich den „inneren Menschen" (*l'homme interieur*), ohne alles schon gesehen zu haben, was im animalischen Magnetismus verborgen sei. Er identifizierte den „instinktiven animalischen Magnetismus" mit der mütterlichen Liebe, die ein Kind errettet, oder mit einer brütenden Henne, die Wärme ausstrahlt (*communiquant l'émanation d'une chaleur*).[3]

Selbstmagnetisieren

Selbsttherapie als Initialzündung für die Entwicklung von Heilkonzepten ist in der Medizingeschichte ein bekanntes Phänomen, sei es die von Ärzten oder von medizinischen Laien. Es sei daran erinnert, dass sich der berühmte Massenexorzist Pfarrer Joseph Gaßner zunächst selbst exorzierte und damit von seinem Leiden befreite, ehe er den Exorzismus an anderen anwandte. Sich selbst magnetisieren, hypnotisieren, suggerieren und analysieren sind bekannte Methoden, die wir vor allem aus der Geschichte der Psychotherapie kennen, von den Mesmeristen bis

---

[1] A. a. O. S. 411.
[2] Puységur, 1811 [vorangestellt].
[3] A. a. O., s. 69.

48

hin zu Sigmund Freud.[1] Wir wollen uns im Folgenden mit dem Selbstmagnetisieren, der magnetischen Selbstbehandlung, befassen.

Der Berliner Militärchirurg Karl Alexander Ferdinand Kluge ging in
seinem umfassenden Lehrbuch über den animalischen Magnetismus
beiläufig auch auf das Selbstmagnetisieren ein. Sein erstmals 1811 er-
schienenes Standardwerk wurde in der Folgezeit dreimal aufgelegt und
in fünf Sprachen übersetzt.[2] Durch bestimmte Manipulationen mit dem
Daumen über die Augenlider, sogenannte „Pollicar-Volar-
Manipulationen", könne der Kranke eingeschläfert werden, sich aber
auch selbst in Schlaf versetzen.[3] Kluge berichtete vom Fall einer jungen
Dame, der von dem Heilbronner Stadtphysikus Eberhard Gmelin mitgeteilt wurde, „welche ohne alle vorhergegangene magnetische Behandlung ganz von selbst in einen magnetischen Schlaf verfiel, in welchen sie
sich instinktmäßig durch fast dieselben Manipulationen [mit dem
Daumen] versetzte und auch wieder daraus erweckte."[4]

Das Selbstmagnetisieren der Magnetiseure sollte vor allem ihre eigene
magnetische Kraft verstärken, bevor sie an anderen magnetische Manipulationen vornahmen. Kluge referierte hier unter anderem die Emp-
fehlungen des französischen Mesmeristen Tardy de Monreval („Tardi"
bei Kluge), wonach der Magnetiseur „mit dem Baquet, mit einem magnetischen Baume, oder durch die magnetische Kette mit anderen Menschen" zusätzliche Kraft gewinnen könne, oder dadurch, dass er sich
selbst magnetisiere, um sein „Nervenfluidum" in Bewegung zu bringen.[5]
Letzteres hielt Kluge aus eigener Erfahrung für zweifelhaft. Wenn die
„französischen Magnetisten" glaubten, durch Enthaltung von „erhitzen-
den Getränken und Speisen" sowie Tabak ihre Wirkungskraft zu stei-
gern, so wollte Kluge ihnen widersprechen: „Ich glaube im Gegentheile

---

48

[1] H. Schott, 2006/2007.
[2] Mielich, 2009, S. 117.
[3] Kluge, 1811, S. 422.
[4] A. a. O., S. 423.
[5] A. a. O., S. 485; Tardy, 1786.

mein Wirkungsvermögen verstärkt zu haben, wenn ich während der Manipulation ein Glas Wein trank."[1]

Der Jenaer Medizinprofessor Dietrich Georg Kieser, ein Wortführer der wissenschaftlichen Verteidiger des Mesmerismus, ging in seinem Hauptwerk „System des Tellurismus" auf das Selbstmagnetisieren genauer ein. Da der somnambule Mensch ein „tellurischer Mensch" sei und deshalb eine „größere magnetische Kraft" habe, wirke er kräftiger magnetisch.[2] Deshalb trete bei ihm auch das Selbstmagnetisieren zur „künstlichen Erregung des besonderen Lebens einzelner Organe" leichter ein.[3] Es sei hier angemerkt, dass nach Kieser potenziell alle Naturkörper einander magnetisieren konnten, nicht zuletzt die einzelnen Körperorgane untereinander: „Wie im normalen Leben der Mond der Somnambul der Erde ist, und der Mensch in seinem Nachtleben der Somnambul der Erde, so ist im menschlichen Körper schon im normalen Zustande der bewegte Muskel der stete Somnambul des bewegenden Nervs oder der Willensthätigkeit, indem beide, Willensaction und Muskelbewegung nur besondere Thätigkeiten sind, von denen die letzte durch die erste erregt wird."

„*Wollen* und *Glauben* (handelnder Glaube)" des Magnetiseurs rufen nach Kieser den „tellurischen Pol" des psychischen und somatischen Lebens im Somnambulen hervor. Er lehnte sich hier offenbar an die Parole „*croyez et veuillez*" des bedeutenden Mesmer-Schülers Marquis de Puységur an, den er in seinem Werk jedoch kaum erwähnte und dessen Namen er auch in diesem Zusammenhang verschwieg. Dieselbe Wirkung könne aber auch erzeugt werden, „wenn der *eigne* Wille und Glaube des Menschen auf den Menschen selbst zurückwirkend tellurisches Leben erzeugt, welches im wissenschaftlichen Ausdruck nur *psychisches Selbstmagnetisiren* genannt werden kann".[4] Kieser berichtete von Manipulationen somnambuler Personen, die sich – „auf organische Weise" –

---

[1] A. a. O., S. 486.
[2] Kieser, 1822, 1. Bd., S. 68.
[3] A. a. O., S. 70.
[4] A. a. O., S. 246.

„nach vergeblichem Magnetisiren durch andere" selbst mit Erfolg magnetisiren oder auch selbst durch „Gegenstriche" wecken konnten.[1] Auf „psychische Weise" geschehe das Selbstmagnetisieren durch die „Wirkung einzelner psychischer Organe auf andere", durch den eigenen Willen oder eigenen Glauben des Kranken. „Tellurische Potenzen des Hirnlebens" würden dann den eigenen Körper und dessen Organe beeinflussen und dort „tellurisches Leben erzeugen".[2]

Kieser zählte die erstaunlichen Phänomene eines solchen willkürlichen Selbstmagnetisierens auf: „Paralysierung des Herzens und Stillestehen des Pulses und Athmens" bis hin zum Scheintod. Historische Beispiele, wie etwa die Kunst der indischen Braminen und Fakire, subsumierte er somit dem (psychischen) Selbstmagnetisieren.[3] Überhaupt wurden mit diesem Begriff nun alle möglichen dämonischen, magischen und religiösen Phänomene früherer Zeiten erklärt: die Hexen und Bezauberten, die Wunderheilungen durch Reliquien der Heiligen, die *„Convulsionnairs"* in Paris und schließlich die Wundmale Christi sowie andere Zeichen bei der Nonne und Mystikerin Anne Katharina Emmerich aus Dülmen, die durch Clemens Brentanos einschlägige Schriften berühmt wurde und zur Zeit der Veröffentlichung von Kiesers Werk noch lebte.

Ärzte magnetisierten sich häufig auch selbst, um sich von ihren Leiden, insbesondere Schmerzen, zu befreien. Ein gewisser Dr. Carl Bursy, „ausübender Arzt in Kurland", schilderte im „Archiv für den thierischen Magnetismus" seine eigene Selbsttherapie.[4] Er berief sich auf einschlägige Berichte über Selbstmagnetisieren von Gall, Gmelin, Tardi [d. i. Tardy] und Kluge. Die Natur habe dem Menschen die Fähigkeit verliehen, „sein eigner Arzt zu seyn". Der Autor litt wegen des kurländischen Klimas unter „rheumatischem Kopf- und Zahnschmerz". Bei heftigem Zahnschmerz suchte er Zuflucht beim animalischen Magnetismus, und wandte ein Baquet, das zur Patientenbehandlung diente, bei sich selbst

---

[1] A. a. O., S. 247.
[2] A. a. O., S. 248.
[3] A. a. O., S. 251.
[4] Bursy, 1818.

an: „Den Leitungsstab brachte ich an die äußere Wangenseite des schmerzhaften Zahnes." Nach einer halben Stunde entwickelte sich plötzlich „ein kritischer Schnupfen" und der Zahnschmerz war nach einer Stunde dauerhaft überwunden. Damit sei ein „Beispiel für die Möglichkeit und Wirksamkeit des Selbstmagnetisirens" gegeben, meinte der Autor. Den heilsamen Schnupfen erklärte er damit, dass Krankheiten am Kopf bei magnetischer Behandlung „auch meistentheils ihre Krisen am Kopfe" fänden. In einem „Zusatz des Herausgebers" widersprach Kieser dem Autor: Die "Massen des Baquets" hätten wohl selbstständig die Wirkung erzeugt, nicht die dem Baquet mitgeteilte Kraft des Magnetiseurs (worüber der Autor freilich nicht explizit berichtete). Ähnlich habe man in den 1780er Jahren mit künstlichen Magneten geheilt und die Heilkraft dem mineralischen Magnetismus zugeschrieben, „übersah aber ebenfalls die allgemeinere Kraft des Eisens, wie sie sich höchst wahrscheinlich im Baquet zeigt."[1]

Der aus Tirol stammende Arzt und Magnetiseur Joseph Ennemoser, der von 1819 bis 1837 als „Professor für Thierischen Magnetismus" an der Universität Bonn mit wenig Erfolg lehrte, betrieb ab 1841 eine anerkannte eigene Praxis in München und veröffentlichte 1852 sein umfassendes Lehrbuch „Anleitung zur Mesmerischen Praxis". Darin stellte er in einem Kapitel auch das „Selbstmagnetisiren" dar.[2] Er verwies auf einen gewissen Magnetiseur Birot, der in den *Annales du Magnétisme animal* 1814 über diese Art der Selbsttherapie berichtete. Er konnte seinen chronischen Knieschmerz heilen, indem er sich selbst magnetisierte. Auch habe er sich oft „das Wasser magnetisirt zum eigenen Gebrauch, wodurch ich mir die Verdauung beförderte."[3] Aubin Gauthier, ein namhafter Experte für die Geschichte des Mesmerismus, unterschied bei der *„ipsomagnétisation"* die direkte und die indirekte Behandlung.[4] Erstere geschah vor allem durch Handauflegen, Letztere durch „Zwischenkörper" wie einen Baum, „eine gefüllte magnetische Flasche oder

---

[1] Ebd., S. 166.
[2] J. Ennemoser, 1852, S. 230-237.
[3] Ebd., S. 231.
[4] A. a. O., S. 232.

ein Baquet". Ennemoser gab detaillierte Anweisungen zum Selbstmagnetisieren: „Das magnetisirte Wasser gebrauche man unter Tags öfter als Getränk und äußerlich bei örtlichen Leiden." Er erwähnte auch „Hellsehende, die sich die Kur selbst verordnen", ohne freilich Justinus Kerners „Seherin von Prevorst" zu erwähnen, die er selbst aus der Nähe miterlebt hatte (Kap. 3).

Die Möglichkeit des Selbstmagnetisierens war für Ennemoser selbstverständlich gegeben, was seine rhetorische Frage zum Ausdruck bringen sollte: „Besitzt nun der Mensch wirklich eine strömende Kraft – ein Fluidum, das er in bestimmten Richtungen von sich geben, concentriren etc. kann – warum soll er es nicht auch auf seine eigene Leibesprovinzen richten können?"[1] Die Einwirkung auf sich selbst sei das Gleiche wie die auf andere und man müsse sich wundern, „warum man ein so natürlich eingepflanztes Vermögen nicht einmal für sich persönlich zu benützen versteht." Die magnetische Selbstbehandlung durch Handauflegen oder Trinken des „magnetischen Wassers" sei bei gewissen Beschwerden, die durch „gastrische Unterleibsanhäufungen" verursacht würden, wohlfeiler als alle möglichen „Brech-, Laxir- und Schweißmittel" abgesehen von der Behandlung durch den Doktor oder Bader.

Insbesondere pries Ennemoser das Selbstmagnetisieren als Porphylaktikum in „Zeiten ansteckender Krankheiten", etwa „bei der Cholera und beim Nervenfieber".[2] „Ein Eßlöffel voll alter Rheinwein in einem Glase magnetisirten Wassers, Morgens und abends, ist eine Panacee dazu und ein paar Wachholderbeeren gekaut und eingenommen läßt nichts Böses einnisten. *Probatem est!*"[3] Ennemoser empfahl die „Selbstkur" mit einer Reihe von praktischen Ratschlägen. So solle man „magnetisches Wasser" bei „örtlichen Entzündungen, Schmerzen, Wunden" immer bereithalten, zur „Concentration der [magnetischen] Kraftwirkung" sollte man bei der „Handbehandlung" alle Finger in eine Spitze zusammenstellen und sie beispielsweise über eine Geschwulst halten. „Magnetisirte Wolle, Tü-

---

[1] A. a. O., S. 233.
[2] A. a. O., S. 234.
[3] A. a. O., S. 345.

cher, Flaschen und Baquete kann sich Jeder im Nothfalle selbst verschaffen."

Fluidum im Spiegel der Erfahrung

Justinus Kerners Sohn Theobald erlebte in seiner Jugendzeit die Aktivitäten seines Vaters aus nächster Nähe, wovon er in seinen Erinnerungen „Das Kernerhaus und seine Gäste" sehr lebendig und erfrischend erzählt.[1] In diesem Haus habe die schwäbische Romantik „ihre Wegschenke, ihre Herberge, ihr Sommergasthaus" gehabt, „das aller Welt Kindern offenstand", wie Theodor Heuss später einmal schrieb.[2] Theobald trat als magnetisierender Arzt in die Fußstapfen seines Vaters, ohne allerdings dessen Interesse am Somnambulismus zu teilen, den er grundsätzlich für schädlich hielt. Stattdessen kombinierte er während seiner Zeit als praktischer Arzt und „Vorsteher der galvanischen Heilanstalt in Cannstatt" in den 1850er Jahren den animalischen Magnetismus mit dem Galvanismus. Der kurze Abriss seiner Behandlungsmethode zeigt eine nüchterne Einschätzung und skeptische Distanz zum Mesmerismus, der durch sensationslüsterne Schaustellungen in Misskredit geraten sei, wie er öfter hervorhob. Er wolle die „anspruchsloseste Wahrheit" anstelle von „Mysticismus", „Phantasterei, Uebertreibung und Lüge".[3] So distanzierte er sich von Werbeaktivitäten, es gehe ihm eben nicht um „Haarwuchsbeförderungsmittel", „Rheumatismuskette", „Baunscheidtismus".[4]

Allerdings bezog er sich zustimmend auf Mesmer. Der habe dem „Franzosen Puségur" erklärt, „welcher den Somnambulismus und das in ihm sich kundgebende innere Schauen als Bedingung der Heilung ansah, daß die Heilung der verschiedensten Krankheiten ohne Somnambulismus stattfinden könne. Diese Ansicht Mesmers fand später durch Ennemoser

---

[1] Th. Kerner, 1894.
[2] Heuss [1936], 1961, S. 130.
[3] Th. Kerner, 1857, S. IV.
[4] A. a. O., S. III.

und andere deutsche Aerzte ihre Bestätigung."[1] Theobald Kerner warnte
regelrecht vor der Überhöhung des Somnambulismus als Heilmittel, da
dieser selbst eine Krankheit „wie Hysterie oder Veitstanz" sei und den
ohnehin Kranken mit einer zusätzlichen Krankheit bedrohe. Auch sei
Täuschung und Betrug von Somnambulen zu beobachten, wenn ihre
Krankheit schwächer werde.[2] Der magnetische Schlaf sei der „heilen-
de[n] Kraft des Magnetismus" abträglich.[3]

Theobald Kerner kam der Mesmer'schen Vorstellung von der „Mittheilung des Lebensfeuers" nahe, wenn er behauptete, der Magnetiseur
werde durch das Magnetisieren nicht geschwächt, sondern zünde nur
eine Kraft an: Er „gibt von seiner Kraft weniger ab, als daß er die in dem
Kranken schlummernde erweckt, zu frischem Leben bringt; es ist das
Anzünden eines Lichtes an dem andern, wobei das anzündende auch
nicht an Kraft verliert." Theobald wandte den Magnetismus vor allem
zur Unterstützung des Galvanismus an. Jener mildere und befestige „die
mehr reizende, flüchtige Wirkung des Galvanismus" und unterstütze ihn
„namentlich in der Sphäre der Vegetationskrankheiten." [4] Magnetische
„Paquete", wie er die *baquets* bezeichnete, hätten nur historischen Wert,
ihre Wirkung sei eine „imaginäre". Auch das „Kieserische Paquet" hielt
er wegen seiner Zusammensetzung für zweifelhaft, es sei jedoch „mit
Galvanismus verbunden in der Epilepsie, auch bei der Bleichsucht nicht
ohne Nutzen". Offenbar hatte er entsprechende eigene Erfahrungen
gemacht. Interessant ist seine Interpretation des „Nervenstimmers",
dem besonderen *baquet*, den sein Vater nach Angaben der „Seherin von
Prevorst" für deren Selbstbehandlung bauen ließ (Kap. 3). Er betrachtete ihn als einen quasi homöopathischen Apparat: "Die Homöopathie ist
durch diese Maschine so zu sagen figürlich dargestellt."[5] Interessanterweise hatte schon Samuel Hahnemann den Mesmerismus als einziges

---

[1] A. a. O., S. 44.
[2] A. a. O., S. 45.
[3] A. a. O., S. 45.
[4] A. a. O., S. 53.
[5] A. a. O., S. 54.

Heilkonzept außer der Homöopathie als „Geschenk Gottes" gepriesen und sich auch selbst als Heilmagnetiseur betätigt.[1]

Wenn der *baquet* als technischer Apparat das magnetische Fluidum akkumulieren und kondensieren sollte, so sollte es der Spiegel als Reflexionsinstrument verstärken. Damit bediente sich auch der Mesmerimus jener Spiegelmetaphorik, deren epochen- und kulturübergreifende Bedeutung eindrucksvoll ist. So ist der Spiegel in der Kulturgeschichte, insbesondere in der Geschichte der Magie, ein bekanntes Instrument. Er schien über Zauberkräfte zu verfügen und wurde deshalb zu verschiedenen Zwecken eingesetzt: zum In-die-Ferne-Sehen, zum Vorhersagen, zum Erkennen geheimer Schätze – und schließlich auch zur Selbstbefragung wie im Grimm'schen Märchen: „Spieglein, Spieglein an der Wand …". Auf Freuds speziellen „Zauberspiegel", den er bei seiner Selbstanalyse real und bei seiner psychoanalytischen Technik metaphorisch vor Augen hatte, kann hier nicht näher eingegangen werden.[2]

Es ist bemerkenswert, dass der Spiegel als Hilfsinstrument des Magnetisierens empfohlen und offensichtlich auch regulär eingesetzt wurde, wie es in Kluges Lehrbuch nachzulesen ist: Das Fluidum, „jenes feine Wesen", werde „wie das Licht, durch Spiegel reflectirt".[3] Da es vom Quecksilber beschleunigt reflektiert werde, schien es in einem konkreten Falle, über den Tardy berichtet hatte, klar, dass „die Somnambule während ihres magnetischen Schlafes sich nie vor einen Spiegel stellen und hineinsehen durfte, ohne sich, nach ihrer Behauptung, mit Fluidum zu überladen und mancherlei Beschwerden darnach zu empfinden."[4] Übrigens bezog sich auch Kieser auf diese Krankengeschichte von Tardy und führte die „Wirkungen der Spiegel" auf die Einwirkung der Metalle, insbesondere des Quecksilbers, auf Somnambule zurück.[1] Diese und ähnliche Beobachtungen, dass man auch auf den Kranken wirken könne, „wenn man sein in dem Spiegel befindliches Bild magnetisirt", gaben nach Klu-

---

[1] Schott, 2014, Teil 1, S. 545.
[2] Schott, 2006/2007.
[3] Kluge, 1811, S. 47.
[4] A. a. O., S. 145.

ge „die Veranlassung zum Ausschmücken der magnetischen Cursäle mit Spiegeln".[2]

Bereits Mesmer hatte Spiegel dementsprechend verwandt und zu den „Verstärkungsmitteln" des Magnetismus gezählt. Kluge empfahl nun als bestes Verstärkungsmittel einen ovalen Spiegel „von etwa sechs Zoll Längendurchmesser" vor die Brust des Magnetiseurs – „demnach der Herzgrube des Somnambul gegenüber" – zu binden, wodurch das magnetische Fluidum auf die zu magnetisierende Person verstärkt einströme.[3] Dieses Arrangement folgte offenbar der Vorstellung, dass der Spiegel das Fluidum wie Lichtstrahlen reflektieren könne. Durch die Manipulation des Magnetiseurs wurde im Selbstverständnis der Akteure Fluidum in der Herzgrube (*hypochondrium*) der magnetisierten Person angehäuft, strahlte dann ab, traf auf den gegenüberliegenden Spiegel des Magnetiseurs und wurde von hier auf deren Herzgrube zurückgelenkt, was die dortige fluidale Konzentration erhöhen sollte.

In der Mitte des 19. Jahrhunderts wurde der Mesmerismus als Kronzeuge der Magie aufgerufen. Seine Phänomene sollten beweisen, dass die europäische Tradition der *magia naturalis*, aber auch orientalische, insbesondere indische Traditionen der Magie eine Realität darstellten, die auch in der Gegenwart ihre Wirksamkeit entfalteten. So meinte der französische Magnetiseur und Esoteriker Jules Du Potet de Sennevoy, auch als *„le Baron du Potet"* bekannt, dass der magnetische Schlaf „ein magischer Zustand" sei und man deshalb das Wort „Magnetismus" durch „Magismus" ersetzen solle.[4] Er führte den Mesmerismus in England ein und beeinflusste insbesondere den englischen Medizinprofessor John Elliotson, an dessen *North London Hospital* (heute *University College London*) er 1837 tätig war und magnetische Experimente durchführte.[1] Im „geheimen Teil der magischen Werke" wollte Du Potet deren „magischen Mechanismus" aufzeigen, insbesondere „die dominierende

---

[1] Kieser, 1822, Bd. 1., S. 127.
[2] Kluge [1811], 1818, S. 282.
[3] A. a. O., S. 481.
[4] Du Potet [1852], 1925, S. 119.

geistige Kraft [...], welche die physischen Kräfte bezwingt."[2] Hierbei widmete er sich auch der „Bereitung des Spiegels".[3] Im „hellseherischen Somnambulismus" sehe die Seele des Sehers nicht im Metall- oder Glasspiegel und auch nicht in einer Kristallkugel, da beim „magischen Schauen" die Augen nicht gebraucht würden. Durch „Erweckung der inneren Sinne" „funktionieren die Magengrube, der Nacken und andere Körperteile, wie sonst nur die Augen, und die Gegenstände werden mit großer Deutlichkeit wahrgenommen."

Du Potet schilderte, wie ein „Spiegel" als Hilfsmittel herzustellen sei: Man solle mit einem Stück Kohle „einen Kreis von 7 oder 8 Zentimeter Durchmesser" ziehen und die Scheibe schwärzen. Dabei habe „eine Entsendung des ‚Feuers' aus dem Innern des Experimentators" zu erfolgen. Zunächst sei nichts im Spiegel zu sehen, aber es würde sich dann eine „tatsächliche Kraft" in ihm entwickeln, die den Menschen im Innersten aufwühle, die „Seelenkräfte beginnen sich zu regen und ihre Schwingen zu entfalten." Du Potet wollte mit diesem „magischen Spiegel", wie er an anderer Stelle ausführte, „daß die ‚Lebensgeister' in diesen Kreis gebannt werden, und das andere aus der Umgebung von ihnen angezogen werden und sich hinzugesellen, um mit ersteren eine gewisse Verbindung einzugehen."[4] Versuchspersonen, die durch den Blick in diesen „Spiegel" in eine schwere Krise gerieten, schienen seine Auffassung zu bestätigen.[5] Wer magische Dinge hervorbringen wolle, dem müsse „ein Feuer durch die Adern rinnen" und der müsse „eine Art von Erregung, die nichts mit Erotik gemein hat", aus sich selbst heraustreten lassen."[6] Diese Vorstellung des Feuers war für ihn sehr wichtig. Er illustrierte sie in verschiedenen Abbildungen, die nun nicht feine magnetische Ausstrahlungen von den Handflächen oder Fingerspitzen zeigen, sondern massive züngelnde Flammen, sozusagen magische Ausflammungen. In

---

[1] http://fr.wikipedia.org/wiki/Baron_du_Potet (9.01.2013).
[2] A. a. O., S. 118.
[3] A. a. O., S. 133 f.
[4] A. a. O., S. 61.
[5] A. a. O., S. 61-64.
[6] A. a. O., S. 141.

einer Abbildung richtet der Magnetiseur seine linke Flammenhand auf den Kopf eines zurückweichenden Mannes, beide nackt. (**Abb. 7**) Offenbar sollte hier die „dominierende geistige Kraft" in einer Konstellation demonstriert werden, die allerdings einen bedrohlichen Eindruck macht. Diese Abbildung nutzte auch der französisch-schweizerische Magnetiseur Hector Durville als Sinnbild göttlicher Heilkraft, die er mit dem (animalischen) Magnetismus identifizierte.[1] Eine andere Illustration zeigt einen nackten athletischen Mann, von dem rundherum Flammen ausgehen, Symbol für „jenes stolze, selbstbewußte Geschlecht" vor dem Sündenfall. (**Abb. 8**)

Drittes Kapitel

Somnambule „Seherinnen": Medien der Naturoffenbarung

Die Magie der Natur betraf aus Sicht der romantisch inspirierten Ärzte vor allem die innere Natur des Menschen, wie sie sich besonders durch somnambule Kranke oder überhaupt durch Menschen in verändertem Bewusstseinszustand äußern konnte. Deshalb war der Somnambulismus, ob „künstlich" durch den Magnetismus hervorgerufen oder „spontan" auftretend, ein Gegenstand der Forschung und Hebel der Therapie. Die Somnambulen wurden als Vermittler der verborgenen göttlichen Natur und damit als eine Art religiöse Propheten verstanden. Von daher rührte die Verehrung mancher Ärzte für ihre Patienten und insbesondere Patientinnen. Wir wollen uns in diesem Zusammenhang der wohl berühmtesten Krankengeschichte aus der ersten Hälfte des 19. Jahrhunderts zuwenden, der „Seherin von Prevorst", die der schwäbische Oberamtsarzt und romantische Dichter Justinus Kerner verfasste. Magie der Natur erschien im Sinne des romantisch gewendeten Mesmerismus als mitgeteiltes Erleben einer schwerkranken Patientin, die von ihrem

---

[1] Hector Durville, 1921, Titelblatt u. S. 276.

Arzt fast wie eine Heilige behandelt wurde. Justinus Kerner verehrte Mesmer als den Begründer des animalischen Magnetismus zutiefst, dem er persönlich allerdings nie begegnet war. Jahrzehnte nach dessen Tod überführte er die wenigen Nachlassstücke von Meersburg nach Weinsberg, wo sie sich heute noch im Kernerhaus (Museum) befinden, und verfasste die erste Mesmer-Biografie.[1]

Die „Seherin von Prevorst"

Vor allem die „Seherin von Prevorst", die herausragende zweibändige Dokumentation einer Krankengeschichte, trug Kerner den Ruf des Okkultisten ein.[2] Dieses Buch zeige, wie es ein Medizinhistoriker recht salopp und irreführend formulierte, Kerners „konsequente Weiterentwicklung vom Magnetisten zum Spiritisten".[3] Aber worin besteht der Unterschied zwischen einem „Magnetisten" und einem „Spiritisten"? Genauer gefragt: Worin unterschied sich Kerner als Mesmer-Anhänger und praktizierender Magnetiseur vom Beobachter und Schilderer somnambuler „Eröffnungen" und Erscheinungen der „Geisterwelt"? Zunächst müssen wir feststellen, dass *beide* Funktionen in der Tradition des Mesmerismus wurzelten, die zum Zeitpunkt der Krankenbehandlung der Seherin immerhin schon ein halbes Jahrhundert alt war. Denn Magnetisieren, Übertragen der fluidalen Kraft durch die „Manipulation" des Arztes einerseits und intensives Wahrnehmen des eigenen Leibes und Fühlen in die Ferne bis hin zur Geisterwelt andererseits waren nur zwei Seiten ein und derselben Medaille. Unter dem Einfluss von pietistischer Erweckungsbewegung und romantischer Naturphilosophie wurde um 1800 die Geisterwelt zu einem viel beachteten Thema. Man interessierte sich vor allem für eine mögliche Kommunikation mit den Geistern Verstorbener und antizipierte ein Stück weit den Spiritismus, freilich ohne dessen naturwissenschaftliches Glaubensbekenntnis, das in der

---

[1] J. Kerner, 1856.
[2] J. Kerner, 1829.
[3] G. Rath, 1962, S. 88.

zweiten Hälfte des 19. Jahrhunderts selbstverständlich werden sollte. So veröffentlichte der Augenarzt und pietistische Schriftsteller Johann Heinrich Jung-Stilling ab 1795 „Scenen aus dem Geisterreiche" in mehreren Bänden und der berühmte Naturphilosoph Friedrich Wilhelm Joseph Schelling verfasste als Reaktion auf den frühen Tod seiner Frau Caroline im Jahr 1809 die dialogische Schrift „Clara. Oder Über den Zusammenhang der Natur mit der Geisterwelt".[1]

Bei Mesmer überwog der erstere (aktive) Aspekt: Die Applikation des Magnetismus als Naturheilmittel, die Geisterwelt war ihm eher fremd und suspekt. Bei Kerner dagegen überwog im Hinblick auf die „Seherin" der letztere (passive) Aspekt: die Exploration der somnambulen Patientin, die Erforschung der „Nachtseite" des Seelenlebens. Mesmer konnte sich mit mechanistisch-physikalistischen Begriffen und Modellen begnügen, da es ihm in seinem Selbstverständnis auf die objektive Begründung des „thierischen Magnetismus" als einer wissenschaftlich begründeten Medizin ankam. Die Patienten hatten die Rolle der Empfänger der magnetischen Heilkraft zu spielen, ihre jeweiligen Wahrnehmungen und Äußerungen erschienen Mesmer und seinen frühen Anhängern nebensächlich.

Bei Kerner und seinen romantischen Kollegen rückte dagegen der „Somnambulismus" in den Mittelpunkt des Interesses: die Mitteilungen und Eröffnungen der „Somnambulen", ihr subjektives Erleben. So spielte die kranke Seherin Friederike Hauffe die aktive Rolle: Sie sah, sprach, roch, fühlte, zeichnete, schrieb. Der Arzt dagegen übernahm die Rolle des teilnehmenden Beobachters und Protokollanten. Sicherlich war Kerner auch weiterhin als „manipulierender" Arzt, als Magnetiseur, tätig. Aber er tat dies um der subjektiven Mitteilungen der Patientin willen – einerseits, um diese überhaupt hervorzulocken, andererseits, um den gegebenen Anweisungen seiner Patientin Folge zu leisten zu können. Entscheidend war, dass auch in dieser Form des Umgangs die

Lehre des „thierischen Magnetismus" verbindlich blieb und als objektive Leitlinie Denken und Handeln der Hauptakteure bestimmte: nicht nur die Verhaltensweisen von Kerner, sondern, wie wir noch am Beispiel des „Nervenstimmers" sehen werden, auch die seiner Patientin.

Dieser Wechsel in der Blickrichtung der mesmeristischen Ärzte ging einher mit einem Wandel ihrer therapeutischen Zielsetzung. Dies lässt sich an der Gegenüberstellung zweier berühmter Fallgeschichten illustrieren: Mesmers Behandlung der „Jungfer Paradis" im Jahre 1777 und Kerners Behandlung der Friederike Hauffe, der „Seherin von Prevorst", von 1825 bis 1828. Zunächst fällt eine Reihe von Gemeinsamkeiten auf. Zum Zeitpunkt der Behandlung waren beide Patientinnen etwa gleich alt (zwischen 25 und 30 Jahre), ebenso ihre Ärzte (um 40 Jahre). Damit war eine in der Geschichte der Psychotherapie typische Konstellation erreicht: Der Arzt im mittleren Lebensalter behandelte eine deutlich jüngere Patientin. Beide Behandlungen fanden über einen längeren Zeitraum im häuslichen Milieu der Ärzte statt, inmitten ihres Familienlebens. In beiden Fällen kam es zu einer öffentlichen Kontroverse, allerdings mit unterschiedlichem Ausgang; Mesmer verließ als skandalumwitterte Gestalt Wien und wurde dann in Paris weltberühmt; Kerner blieb seinem Heimatort Weinsberg treu, wurde als der Autor der „Seherin von Prevorst" sehr bekannt und war bis zu seinem Lebensende eine allseits respektierte Persönlichkeit.

Doch die epochalen Unterschiede zwischen beiden Fallgeschichten springen sofort ins Auge, wenn wir das therapeutische Vorgehen der beiden Ärzte miteinander vergleichen. Als Mesmer die blinde Pianistin Paradis im Jahre 1777 mit seinem „thierischen Magnetismus" behandelte, war sein Ziel, die Patientin wieder sehend zu machen. Aus der Fallbeschreibung geht hervor, dass Mesmer seine Patientin umfassend behandelte: durch Magnetisieren, durch konsequente Schulung des Sehens und überhaupt durch eine liebevolle Auseinandersetzung mit ihren wechselhaften Krankheitssymptomen.[1] Die Patientin sollte *das* sehen

---

[1] Mesmer, 1781, S. 56-64 [Anhang: „Vom Herrn Paradis selbst aufgesetzte Kranken-Geschichte seiner Tocher"].

lernen, was *er*, Mesmer, selber sah, und sollte die sichtbaren Dinge genau so benennen, wie die Normalsichtigen sie benannten. Mesmer verhielt sich hier durchaus nach dem Verhaltensmuster der Medizin der Aufklärung, welche ja die Kranken in erster Linie umerziehen wollte.

Auf die Schwierigkeiten der Interpretation dieser berühmten Krankengeschichte sei hier nur hingewiesen, sowohl was die Diagnose der Blindheit als auch was deren Behandlung durch Mesmer betrifft, die als „der misslungene Versuch einer Heilung" gewertet wurde.[1] Hierin den „Abbruch einer Psychotherapie" zu vermuten, liegt aus heutiger Sicht nahe.[2] Vor kurzschlüssigen Erklärungen ist jedoch zu warnen, etwa vor der kaum beweisbaren Formel, es habe sich hierbei „nur" um „hysterische Blindheit" gehandelt, die „suggestiv" behoben worden sei. Der kürzlich erschienene Mesmer-Roman der deutschen Schriftstellerin und Malerin Alissa Walser „Am Anfang war die Nacht Musik" widersteht einer solchen Versuchung kurzschlüssiger Deutung.[3] Obwohl oder gerade weil die Autorin Mesmers Verhältnis zur blinden Maria Theresia zum ausschließlichen Gegenstand ihres Romans machte, gelang es ihr meisterhaft, das Erleben des magnetischen Fluidums auf sensible Art vorstellbar zu machen. Ihre Darstellung hebt sich positiv von manch anderem grobschlächtigen Mesmerbild in der Literatur ab, wie etwa dem des schwedischen Schriftstellers Per Olov Enquist.[4]

Die „Heilung der Blinden" spielte in der Geschichte der religiösen Wunderheilungen eine bedeutende Rolle. Auch im Mesmerismus war häufiger davon die Rede: von Mesmer selbst, der außer der „Jungfer Paradis" weitere Blinde „geheilt" haben soll,[5] bis hin zu Justinus Kerners Sohn Theobald, der „durch animalischen Magnetismus u. durch elektromagnetische Einflüsse [...] Blinde und Schwerhörende durch manche gelungene Einwirkungen besserte u. auch völlig herstellte."[6] Als Justinus

[1] Fürst, 2005, S. 37-50.
[2] Siefert, 1985; Ullrich, 1961/62.
[3] Walser, 2010.
[4] Enquist [1964], 2002.
[5] Deslon, 1781, S. 35, 49, 53.
[6] Zit. n. H. Schott, 1986 [b], S. 76.

Kerner fünfzig Jahre nach Mesmers Kur der Maria Theresia Paradis die „Seherin" behandelte, lebte er in einer anderen Epoche. Mesmers „thierischer Magnetismus" war inzwischen längst zum „Somnambulismus" psychologisch verfeinert und in die romantische Naturphilosophie eingepasst worden. Wichtiger als die ärztliche Manipulation wurde nun das subjektive Erleben der „Somnambulen" selbst: *Ihre* Wahrnehmungen und Mitteilungen standen nun im Mittelpunkt des Forschungsinteresses, und die ärztliche Behandlung sollte jene aktivieren. Der Normalmensch schien den Romantikern blind für die „Nachtseite". Er war auf die Hilfe von „Seherinnen" angewiesen, um in die tiefsten und höchsten Geheimnisse der menschlichen Natur eingeweiht zu werden. So sollten die „Eröffnungen" der Friederike Hauffe den Mitmenschen die Augen öffnen. Dieser Auftrag entsprang vielleicht mehr dem Wunsche Kerners und seiner Freunde als dem der Kranken. Während es bei Mesmer noch um eine harmonische Einstimmung des Einzelnen in diese Welt ging, richtete sich Kerners Interesse auf ein Jenseits, wie es sich im Somnambulismus zu offenbaren schien.

Mesmer als Arzt der „Jungfer Paradis" war Heiler und Erzieher, der seiner Patientin beibringen wollte, sehend zu werden und selbstständig leben zu lernen. Kerner als Arzt der „Seherin" war Protokollant, der den Äußerungen der Kranken wie Offenbarungen lauschte. Heilen könne er sie ohnehin nicht, wie er immer wieder betonte. Nirgends manifestierte sich das physikalistisch-apparative Denken Mesmers so eindrucksvoll wie beim *„baquet magnétique"*, dem magnetischen Kübel oder „Gesundheitszuber". In diesem Apparat der Heilung nahm die Idee des „Fluidums" als einer kosmisch-physikalischen Kraft handgreifliche Formen an. Der „Nervenstimmer" der Seherin, der heute im Kernerhaus in Weinsberg ausgestellt wird, stellt einen solchen *baquet* dar. Bis heute wird dieser Apparat als ein Kuriosum aufgefasst, dem allenfalls noch anekdotische Bedeutung zukommt. So wurde in der Neuausgabe der „Seherin von Prevorst" von 1958 das Kapitel über den „Nervenstimmer" mit den entsprechenden Zeichnungen ohne Hinweis ausgelassen. Als Herausgeber erklärte der Psychiater Joachim Bodamer in seinem Vorwort: „Die vorliegende Neubearbeitung hatte zum Ziel, die Geschichte der ‚Seherin' von allen [!] zeitbedingten Überlagerungen und Spekulationen zu befreien, um so die beobachteten Tatsachen rein zur Darstellung kommen zu lassen."[30] Diese „Reinigung" bedeutete das Ausblenden gerade jener „Spekulationen", die für Kerners ärztlichen Umgang mit seiner Patientin überaus aufschlussreich sind.

Der „Nervenstimmer", den Kerner nach den Angaben von Friederike Hauffe baute, entsprach der Tradition der magnetischen Kur, bei der zur Verstärkung der magnetischen Heilkraft auch Apparate, sogenannte *baquets*, eingesetzt wurden – zunächst von Mesmer in Paris (ab 1778) und später von ärztlichen Magnetiseuren wie Karl Christian Wolfart und Dietrich Georg Kieser in Deutschland (Kap. 5). Solche Apparate tauchten in den verschiedensten Modellen auf, unter denen der „Nervenstimmer" nur eines von vielen darstellte, also keinesfalls als singuläres Fantasieprodukt einer Geisteskranken aufzufassen ist. Er war Resultat einer langjährigen Bekanntschaft der „Seherin" mit der Welt des „thierischen Magnetismus". Schon beim Ausbruch ihrer Krankheit im Jahre 1822 zeigte sie eine Vorliebe für das Magnetisieren, nachdem ihre Ärzte es vergeblich mit Aderlass, Blutegeln und Homöopathie versucht hatten, ihre Leiden zu lindern.[1] Nachdem ein „nur von ihr gesehener Geist" sie sieben Abende lang um sieben Uhr magnetisiert hätte, gab sie an; „daß sie durch Magnetisieren zu erhalten sei".[2] In jener Zeit erschien ihr im Traume ihre verstorbene Großmutter als „Schutzgeist". Im Traume sah sie dann eine „Maschine" als „Bedingung ihres Gesundwerdens". Schon damals habe sie diese Vision aufs Papier gezeichnet, ohne sie allerdings in die Wirklichkeit umzusetzen.

„Als nach den starken Rückfällen der Frau H. nach dem Tode ihres Vaters [am 2. Mai 1828] auch die gelindeste magnetische Manipulation zu reizend einwirkte, glaubte man, es werde die Wirkung eines magnetischen Baquetes [sic] für ihr Nervensystem am passendsten sein", no-

---

[1] Kerner [1829], 1974, Teil 4, S. 44.
[2] A. a. O., S.47.

tierte Kerner.[1] Um diese Wirkung möglichst abzumildern, wurde – ohne Eisenbestandteile – ein Holzgestell mit Behältern für eine „vegetabilische Füllung" (Kamillen und Malven) angefertigt, wie die Seherin sie sich „im Schlafe" verordnet hatte. Als auch die Wirkung dieses Apparates sich als zu stark erwies und die Seherin ermattete, trat in einem Traume „ihre Führerin [der Geist ihrer Großmutter] zu ihr und hielt ihr an einem ledernen Bande eine Maschine vor, während sie sprach: „Warum ließest du dieses nicht schon vor sechs Jahren machen, jetzt wärest du gesund?!"[2] Am nächsten Morgen zeichnete die Seherin den Bauplan des Apparats auf, den Kerner in seinem Buch abbildete. (**Abb.** 9) Die Anwendungsmethode laut Bildlegende implizierte jene selbsthypnotisch wirkende Augenfixation, wie sie zwanzig Jahre später von James Braid beschrieben wurde.[3] Das starre Blicken auf die Spitze des Dreiecks entsprach nämlich der Einleitung der Hypnose durch „Monoideismus" (Braid), das Auflegen des Leiters mit der linken Hand auf bestimmte Körperregionen der therapeutischen Manipulation in der Hypnose à la Braid. Doch wir dürfen die medizingeschichtlichen Epochen nicht verwischen: Während Braids Hypnose auf einer rein neurophysiologischen Theorie gegründet war und eine Übertragung von „Fluidum" strikt ablehnte, blieb Kerner bis zu seinem Lebensende dem mesmeristischen Denken verhaftet, bei dem „galvanisch-magnetische Vorrichtungen" zur Erzeugung des „Somnambulismus" eingesetzt wurden. Es liegt auf der Hand, dass die zeitgenössischen Vorstellungen der Ärzte von der Funktion des *baquet* daran beteiligt waren, die spezielle Vision des „Nervenstimmers" bei der Seherin zu provozieren. Wenn Kerner ihrem Einfall bereitwillig folgte und den Apparat baute, so zeigt dies Verhalten weniger individuelle Versponnenheit als vielmehr konsequente Verfolgung des magnetischen Heilkonzeptes. Der Traum der Seherin vom „Nervenstimmer" nach dem Tod ihres Vaters bestätigte nur den Wunschtraum der Mesmeristen, die Heilkraft zu fassen und handhabbar zu machen.

---

[1] Kerner, 1829, 1. Theil, S. 186.
[2] A. a. O., S. 187.
[3] Braid, 1843, S. 27 f.

Gegenüber den üblichen *baquets* wies der „Nervenstimmer" zwei Be-
sonderheiten auf. Zum einen wurde er von der Kranken selbst konzi-
piert: Sie gab die Anweisungen, ihr Arzt führte sie aus. Zum anderen war
er ausschließlich zum Gebrauch einer einzigen Person bestimmt, nämlich der Selbstbehandlung der Seherin. Im Folgenden sei die Konstruktion des „Nervenstimmers" in Anlehnung an Kerners Beschreibung vorgestellt.[1] Er bestand aus einem gleichseitigen Dreieck aus Zwetschgenholz,
durch bewegliche Stahlstifte konnte das Dreieck hin und her bewegt
werden. Im Inneren des Dreiecks verlief ein wollener Leiter und kam an
dessen Spitze heraus, mit einem fünf Ellen langen Ende. Ein querliegen-
der hohler Glaszylinder an der Basis des Dreiecks war mit Kamillen und
Johanniskraut gefüllt und wies sechs größere Löcher, drei an der Ober-
und drei an der Unterseite sowie 27 kleinere Löcher auf. Am Glaszylinder hingen drei Glasflaschen, die gefüllt waren mit Flusswasser, Rehle-
der, einem eisernen Nagel oder auch – je nach Angaben der somnambulen Patientin – mit Mineralwasser, Erde, Wasser, deren Ausdünstungen
auf die Kräuter im Glaszylinder einwirken sollten. Im Holzdreieck hingen Stahlkettchen, welche die magnetische Kraft von den Kräutern im
Zylinder auf den wollenen Leiter übertragen sollten. Diese Kraft wurde
dann angeblich an der Spitze des Dreiecks konzentriert. Die Wirkung
des Dreiecks mit Zylinder wurde verstärkt, wenn es aus dem Gestell
genommen und frei an der Zimmerdecke aufgehängt wurde. Der wolle-
ne Leiter musste nach Anweisung der „Seherin" von Zeit zu Zeit mit 7,
die Maschine mit dem Wasser in den Flaschen mit 14 „Strichen" magnetisiert werden.

Beim Gebrauche des Geräts, so führte Kerner aus, nahm Friederike
Hauffe den wollenen Leiter „in die linke Hand, der nach ihrem Gefühle
auch bald an diesen, bald an jenen Theil ihres Körpers gebracht wurde,
während sie immer auf die Spitze des Dreiecks unverwandt hinsah.
Dann erhielt sie jedesmal sichtbare Erschütterungen wie von einem
galvanischen Apparate, worauf mehr oder weniger heftige Krämpfe an
ihr ausbrachen, nach denen sie sich immer wieder stärker fühlte. Sie

---

[1] Kerner, 1829, 1. Teil, S. 186 ff.

sagte: „Ich fühle jedesmal nach dem Gebrauche dieser Maschine meine Nerven wieder wie geladen.' Sie gebrauchte sie täglich drei- bis fünfmal, aber nur wenige Minuten lang bis zum Ausbruch von Krämpfen. Sie nannte diese Maschine Nervenstimmer."

Die Verordnung von *baquets* durch Somnambule war seinerzeit keine Seltenheit. Kerner gab selbst weitere Beispiele an, die ihn offenbar zur Nachahmung ermutigten.[1] So meinte der Verfechter des animalischen Magnetismus Joseph Ennemoser, der 1819 als Medizinprofessor an die Universität Bonn berufen wurde, zum *baquet*, „jede eigentümliche Krankheit würde eine eigenthümliche Maschine erfordern". Er empfahl zu diesem Zwecke sogar die Ausbildung von Hellsehenden. Ennemoser sprach aus eigener Erfahrung: „So behandle ich z. B. jetzt eine Kranke, die in Erfindung und Angabe solcher Maschinen für verschiedene Kranke gewiß alle anderen übertrifft."[2] Allerdings lässt sich heute keine solche „Maschine" aus dem Bonner Umfeld Ennemosers mehr auftreiben, auch entsprechende Baupläne und Gebrauchsanleitungen fehlen.

Einige Parallelen deuten darauf hin, dass Kerner durch eine 1821 publizierte Krankengeschichte mit dem Titel „Ausführliche historische Darstellung einer höchst merkwürdigen Somnambule" zum Verfassen seiner umfassenden Krankengeschichte inspiriert wurde.[3] Der Vater der betreffenden „Somnambule", als „rechtschaffen, gewissenhaft und ehrlich" bezeichnet, protokollierte nämlich den gesamten Krankheitsverlauf der Tochter, teilweise in Gegenwart des behandelnden Arztes.[4] Die Aufzeichnungen wurden jeweils der Patientin vorgelesen und von dieser, falls nötig, korrigiert. Wir können hier auf diese Krankengeschichte nicht näher eingehen und wollen lediglich erwähnen, dass die Entwicklung einer „Magnetisir-Maschine" (also eines *baquet*) eine zentrale Rolle spielte, die der Vater nach den Angaben der Tochter zu bauen hatte. Es handelte sich hierbei um einen Apparat, der entsprechend seiner um-

---

[1] A. a. O., S. 192.
[2] J. Ennemoser, 1819, S. 72.
[3] Römer, 1821.
[4] Ebd., S. 4

fangreichen Beschreibung viel komplizierter aufgebaut war als der „Nervenstimmer".[1] Die fünf grafischen Darstellungen des Apparates zeigen ein wesentlich komplexeres Gebilde als die beiden entsprechenden Zeichnungen des „Nervenstimmers". Die selbsttherapeutischen Versuche der Kranken und ihre Verordnungen für andere Kranke erinnern an Kerners „Seherin" und lassen erahnen, wie sehr solche „Somnambulen" in ihre Zeit passten. Ein systematischer Vergleich beider Krankengeschichten wäre sicherlich interessant. Auch die Deutung des Somnambulismus als Folge einer „Entwicklungskrankheit", bei der das Gangliensystem das Gehirn kräftemäßig überwiege, finden wir explizit in Kerners „Geschichte zweyer Somnambulen" wieder.[2]

Somnambule Offenbarungen

Bis heute gehen die Meinungen über den Gesundheits- bzw. Krankheitszustand der „Seherin von Prevorst" auseinander. Diesbezügliche „Diagnosen", die in erster Linie von Psychiatern stammen, lassen sich in drei Gruppen aufteilen: (1) Neurose bzw. Hysterie: So sprach der eine von einer „neurotischen Entwicklung mit Auftreten von schweren hysterischen Symptomen und Dämmerzuständen".[3] Für den anderen war die Seherin „schwer hysterisch".[4] (2) Geisteskrankheit bzw. Wahnsinn: In der ersten und bislang umfangreichsten psychiatrischen Beurteilung der Seherin von Prevorst durch Ernst Albert Zeller wurde diese als „somnambule Wahnsinnige" bezeichnet.[5] Denn: „Eine ganze fixe Ideenwelt ist nur im Gehirne eines Wahnsinnigen."[6] Die heutige Diagnose wäre vermutlich „Schizophrenie". (3) Mediale Veranlagung: In dieser Sicht erschien die Sehergabe der Friederike Hauffe nicht als Krankheitssymptom, sondern als paranormale Fähigkeit eines überragenden „Me-

[1] A. a. O., S. 126-138.
[2] A. a. O., S. 8; J. Kerner, 1824, S. 347.
[3] Glaus, 1957, S. 87.
[4] Baerwald, 1925, S. 29.
[5] E. A. Zeller, 1830, S. 159.
[6] A. a. O., S. 155.

diums". Diese Auffassung vertrat der Psychiater Joachim Bodamer: Es sei zu zeigen, „daß Friederike Hauffe weder eine phantastische Schwindlerin, noch eine Hysterikerin oder Neurotikerin, am wenigsten eine Schizophrene gewesen sein kann, wohl aber eine mit paranormalen Eigenschaften hochbegabte, einzigartige mediale Gestalt, deren Deutung allein einer wissenschaftlichen Parapsychologie zusteht."[1] Als Sonderfall sei noch die Vermutung erwähnt, die Seherin habe an einem Lymphom oder einer Leukämie gelitten.[2]

Die Tiefenpsychologie bzw. Psychoanalyse haben sich nur vereinzelt und recht bruchstückhaft mit der „Seherin" befasst. Während sich Freud gänzlich über Kerner ausschwieg, setzte sich C. G. Jung bereits in seiner Dissertation bei Eugen Bleuler intensiv mit den Phänomenen des Somnambulismus auseinander und erwähnte auch mehrfach Kerners „Seherin von Prevorst", ohne jedoch tiefer in die Krankengeschichte einzudringen.[3] Auch in späterer Zeit äußerte er sich mit Respekt über den „verdienstvollen Justinus Kerner und seine Seherin von Prevorst".[4] Einzig der Psychoanalytiker Herbert Silberer ging näher auf die Welt der Seherin ein und interpretierte sie als ein Beispiel für eine „seherische Entrückung", „die bildlich empfunden werden und somit Gegenstand einer funktionalen Schwellensymbolik werden kann".[5] Er deutete die von der Seherin gezeichneten Kreise als halluzinatorisch erlebte Symbole, ohne näher auf die Krankengeschichte einzugehen. Eine Auseinandersetzung der Psychoanalyse mit dieser Geschichte steht meines Wissens nach wie vor aus und auch die pathografische Studie des niederländischen Hermetismus-Forschers Wouter Hanegraaff blieb letztlich im Referieren von Kerners Krankengeschichte stecken.[6]

Der „Nervenstimmer" war als Produkt der somnambulen Offenbarung ein Apparat zur Selbstbehandlung. Im Folgenden wollen wir weitere

[1] Bodamer, 1958, S. 17 f.
[2] Brugsch, 1964, S. 730.
[3] Jung [1902], 1971. S. 30, 38 f. 49.
[4] Jung [1921/1950], 1960, S. 591 f.
[5] Zit. n. Schott, 1986 [b], S. 89; Silberer, 1912, S. 653.
[6] Hanegraaff, 1999/2000.

Phänomene herausstellen, die um das Problem der Arzt-Patienten-Beziehung kreisen. Insbesondere interessieren hier die Vorstellungen von einer Selbstheilungskraft im Organismus, die selbsttherapeutischen Praktiken und die Heilversuche an anderen. Das „magnetische Leben" der Seherin wurde von Kerner als ein gegenläufiger Prozess charakterisiert: einerseits als ein „Zurückziehen ins Innere", andererseits als eine Entbindung des „Nervengeistes" im „äußeren Nervensystem". Je tiefer die Somnambule ins Innere ihrer „magnetischen Kreise" vordrang, so Kerner, umso stärker verband sich ihr „Nervengeist" mit der gesamten Natur, der Körper- und der Geisterwelt. Diese gegenläufige Exkursionsbewegung lässt sich an folgenden Zitaten ablesen: Zum einen werde im magnetischen Leben „der Nervengeist leicht entbunden, und alle Eigenschaften und Kräfte, die in den Natursubstanzen liegen und dem im wachen Leben gebundenen Nervengeiste unfühlbar bleiben, werden nun dem frei gewordenen Nervengeiste im Augenblick offenbar und bringen Erschütterungen im Nervensystem hervor, die den ihnen innewohnenden Eigenschaften entsprechen."[1] Zum anderen: „Schleier und Scheidewand, die im gewöhnlichen Leben zwischen uns und der Welt der Geister stehen, sind jenem [magnetischen Menschen] schon mehr oder weniger niedergefallen, die Isolierung ist mehr oder weniger aufgehoben. [...] Und so siehst du [der Leser] den magnetischen Menschen, während er noch immer an den Körper und somit an die Welt der Sinne gebunden ist, mit verlängerten Fühlfäden hinaus in eine Welt der Geister ragen und von dieser dir ein Zeuge sein."[2]

Das „Hereinragen einer Geisterwelt in die unsere", wie der zweite Band der „Seherin von Prevorst" im Untertitel anzeigt, wurde zum Stein des Anstoßes, während die Dimension der sympathetischen Wechselwirkung mit der inneren und äußeren Natur, wie sie im ersten Band dargelegt wurde, sogar von einem vehementen Kritiker wie dem Psychiater Ernst Albert Zeller anerkannt worden war.[3] Wie systematisch Kerner

---

[1] J. Kerner [1829], 1974, 4. Teil, S. 63.
[2] J. Kerner [1829], 1974, 5. Teil, S. 16.
[3] E. A. Zeller, 1830.

selbst diese beiden Dimensionen auseinanderhielt, dokumentiert die entsprechende Aufteilung der Krankengeschichte in zwei Bände.

Alle Heilungsvorgänge wurden von der soeben skizzierten gegenläufigen Bewegung abgeleitet, wobei es in der Tat schwerfällt, eine Grenze zwischen Kerners Aussagen und denen der Seherin zu ziehen.[1] Im Kapitel „Krankheit und Heilbestrebungen im Innern" wurde die Selbstheilungstendenz der Kranken hervorgehoben: der „innere Arzt", der aus der Seherin spricht, das „Bestreben der Naturheilkraft". Die Erklärung ihrer Krankheit erinnert an Johann Christian Reils Lehre von der „Lebenskraft": Durch das Zurückziehen ins Innere „mußte sich aber nothwendig eine Unordnung im Nervensysteme erzeugen und eine Armuth an organischer Kraft, welche Kraft sich durch stärkern Verbrauch im Gefühlsleben verminderte, was nun die eigentliche Krankheit der Frau H. war."[2] Alle Heilversuche dieser Kranken, so Kerner, zielten darauf ab, „Bindemittel des so lose gewordenen Nervengeistes" zu finden und Lebensstoff aus den Dingen an sich zu ziehen. Dieser Vorgang erinnert uns an Vampirismus, der in Anlehnung an Reichenbachs Lehre vom „Od" (Kap. 5), die in der Mitte des 19. Jahrhunderts Aufsehen erregte, gelegentlich auch „Od-Vampirismus" genannt wurde (siehe unten). So bemerkte Kerner in diesem Kontext: „Hauptsächlich sog sie [den ‚Nervengeist'] aus Augen und Fingerspitzen anderer stärkerer Menschen, von diesen oft nicht gefühlt, auch oft sehr gefühlt, ein Pabulum vitae [Lebensmittel] in sich. Gleiches erhielt sie durch magnetisches Einwirken, Handauflegen, wirkliches Magnetisieren u.s.w."

In launischen Bemerkungen erinnerte sich Jahrzehnte später Sohn Theobald an die Seherin, die er als Junge im Auftrag seines Vaters mitzubetreuen hatte: „Ich mußte mich ruhig an ihr Bett setzen, sie ergriff fest meine Hand, und ich mußte unbewegt ausharren, bis sie das [vom Vater] mir anvertraute Fluidum aufgesogen hatte, ihre Augen sich schlossen, ihre Hände sich lockerten; dann stand ich leise auf, schlüpfte

---

[1] Jennings, 1966, S. 81.
[2] Kerner, 1829, 1. Theil, S. 181.

zur Tür hinaus und ließ mich womöglich den ganzen Tag nicht mehr bei der an meiner Nervenkraft saugenden Spinne sehen."[1]

Der deutsche Okkultist und Erforscher der Runen-Magie Karl Spiesberger, der die esoterischen und magischen Momente in der "Seherin von Prevorst" analysierte, sah in der geheimwissenschaftlichen Literatur Hinweise auf "sogenannte Od-Vampire", also Menschen, die "ihrer Umwelt systematisch Od entziehen. So ein 'Od-Vampir' – freilich nicht in vorgenanntem, schwarzmagischen Sinne – war auch unsere Seherin. "[2] Um ihren „Nervengeist" fester an die Nerven zu binden und diese neu aufzuladen, habe sie kräftigen, „ihr sympathisch gesinnten Menschen odische Fluidalstoffe" entzogen, insbesondere aus Augen und Fingerspitzen, durchaus fühlbar für Betroffene wie den jungen Theobald Kerner. Spiesberger merkte hierzu an, dass es „genug analoge Fälle in unserer Zeit" gebe und verwies auf einen „Beweis" aus seinem „Forschungszirkel": „Eine Sensitive, von Beruf Masseurin, fühlte sich abends stets völlig entkräftet. In meiner Nähe sitzend, merkte sie, wie ihr regelmäßig Kraft zuströmte." Spiesberger meinte, diesen „unbeabsichtigten Od-Vampirismus" experimentell nachgewiesen zu haben. Als er nämlich einmal eine „stark Sensitive" magnetisierte und die besagte „Masseurin" neben ihm saß, habe Erstere keine magnetische Einwirkung verspürt. Seine Erklärung war einfach: „Mein od-magnetisches Fluid strömte auf die mich vampirisierende Sitznachbarin über [...]. Ich bat sie zur Seite zu gehen – und sofort empfanden wir – die Behandelte und ich – das Überfließen des magnetischen Stromes."[3] Nahm sie ihren alten Platz ein, wiederholte sich das Spiel. Auch die seit den 1920er Jahren berühmt gewordene Stigmatisierte „Therese von Konnersreuth" wurde von Spiesberger den „Odvampiren" zugeordnet, deren jahrelange angebliche Nahrungslosigkeit von manchen mit „dieser fluidalen Kraftzufuhr aus dem Organismus der Besucher" erklärt worden sei.

---

[1] T. Kerner, 1894, S. 94.
[2] Spiesberger, 1953, S. 64.
[3] A. a. O., S. 65.

Im Grunde lief das Magnetisieren der Seherin durch Justinus Kerner und seine Familienangehörigen auf ein Selbstmagnetisieren hinaus, denn diese verordnete sich in der Regel selbst Art, Umfang und Zeitpunkt der „magnetischen Manipulationen".[1] Später wurde sie so magnetisiert, wie es ihr „Schutzgeist" vorexerziert hatte. Die Botschaft der verstorbenen Großmutter lautete dabei: „Also wie du hier magnetisiert wurdest, soll dich dein Arzt ferner magnetisieren."[2] Wenn nun die Seherin angab, sie fühle im magnetischen Zustand ein „Denken auf der Herzgrube", „als schlafe ihr Gehirn ein", so lehnte sie sich auch hier an die medizinisch verbreitete Vorstellung von einer Polarität zwischen Gehirn und „Herzgrube" – Cerebral- und Gangliensystem – an.[3] Das Selbstheilungsbestreben zielte wie Mesmers Kur darauf ab, durch heftige Krämpfe eine „wohlthätige Krise" auszulösen.[4] Das „Hauptbestreben des Innern" wurde von der Seherin auf die angestrebte Krise hingelenkt, indem sie sich selbst durch den „Nervenstimmer" magnetisierte, um den richtigen „Rhythmus" in den magnetischen Krämpfen zu erreichen. Im Allgemeinen wurden diese durch Handauflegen von Kerner oder dessen Frau, manchmal aber auch von Sohn Theobald, in ihrer Abwesenheit ersatzweise durch ein „magnetisirtes Tuch oder durch magnetisirten Schwamm" gestillt, oder auch durch einen „Ton mit einer Mundharmonika" (Maultrommel).[5]

Die angegriffene Gesundheit der Friederike Hauffe habe nur wenige Heilversuche an anderen zugelassen, bemerkte Kerner. Wie die Erfahrung gelehrt habe, seien die Heilmittel der Seherin auf einen „gleichen somnambulen Zustand" berechnet gewesen: „Nur in solchen Zuständen des entbundenen Nervengeistes, im magnetischen Leben, kann das einfachste Mittel die ihm eingepflanzte Eigenschaft äußern und Wunder wirken." „Fester Glaube" sei dafür Bedingung.[6] Im Schlafwachen „erfühl-

---

[1] J. Kerner, 1829, 1. Theil, S. 181.
[2] J. Kerner [1829], 1974, 4. Teil, S. 122.
[3] J. Kerner, 1829, 1. Theil, S. 182 f.
[4] Mesmer, 1814, S. 119.
[5] J. Kerner, 1829, 1. Theil, S. 186.
[6] A. a. O., S. 193 f.

te" die Seherin nun bestimmte Heilmittel wie insbesondere das Johanniskraut, die sie als Amulett oder Aufguss sich selbst verordnete oder anderen Kranken empfahl. So konnte sie angeblich einen jungen Mann, „der zur Melancholie geneigt war", mit Johanniskraut heilen. Gewöhnlich aber benutzte sie bei ihren Amuletten das geschriebene Wort, „hauptsächlich in ihrer Sprache des Innern."[1] Dabei gebrauchte sie bestimmte Formeln in ihrer „inneren Schrift". Die medizinische Annahme einer Polarität zwischen Gehirn und „Herzgrube" (Cerebral- und Gangliensystem) schlug sich auch in der Anwendungsform dieser Amulette nieder. Ging die Krankheit vom Gehirn und Rückenmark aus, ließ die Seherin das Amulett auf dem Rücken, ging sie „mehr vom sympathischen Systeme" aus, ließ sie es auf der „Herzgrube" (Oberbauch) anbringen.[2]

Darüberhinaus konnte die Seherin die Krankheitsgefühle anderer Menschen mitfühlen, also am eigenen Leibe eine intuitive Diagnose bei anderen stellen: „Das Physische ging auf ihren Leib, das Psychische auf ihre Seele über." Auch diese Fähigkeit wurde auf den „so lose gewordenen Nervengeist" der Seherin zurückgeführt.[3] So berührte sie angeblich den Unterleib einer Frau, die – ohne Wissen der Seherin – an einem Bandwurm litt. Sie fühlte dann „von ihrer Hand aus durch den Arm in den Magen und von da in den Bauch eine sonderbare [...] widrige Empfindung strömen".[4] Das größte Aufsehen erregte jedoch die Fernheilung der Gräfin von Maldeghem, die der Psychoanalytiker Herbert Silberer als „Energiekur" im Sinne einer gelungenen analytischen Psychotherapie bezeichnete.[1] Diese von Kerner mitgeteilte Heilung soll etwas genauer beleuchtet werden.

Am 28. März 1828 kam der Ehemann der kranken Gräfin zum ersten Mal zu Kerner und überbrachte ihm die vom behandelnden Arzt aufgezeichnete Krankengeschichte seiner Frau. Dieser Bericht wurde dann

---

[1] A. a. O., S. 177 f.
[2] A. a. O., S. 180.
[3] A. a. O., S. 195.
[4] A. a. O., S. 196.

durch die mündlichen Mitteilungen des Grafen ergänzt. Der Gemütszu-
stand der Gräfin wurde als ein „wachendes Traumleben" beschrieben,
das um drei „fixe Ideen" kreise: (a) Zweifel an der Persönlichkeit ihres
Mannes und ihrer Kinder, die ihr nur als Abbilder der Wirklichkeit erschienen; (b) Erwartung und „heiße Sehnsucht" nach einer Umwand-
lung ihres Wesens mithilfe ihres Mannes; und (c) Erwartung einer über-
irdischen Erscheinung, durch welche diese „Verwandlung" bewirkt
werden könne.[2] Für Kerner schien das Leiden der Gräfin „zwischen
magnetischem Traumzustand *und* Manie zu stehen", die Seherin glaubte
ihrerseits die Gräfin „mehr in einem regellosen magnetischen Zustand
als in wirklichem Wahnsinn befangen".[3] Sie verordnete ihr täglich ein
Amulett mit dreimal drei Lorbeerblättern, dreimal drei Esslöffel „Johan-
nisthee" und dreimaliges Magnetisieren durch den Grafen. Insgesamt
sollte die Behandlung neun Tage dauern. Der Graf sollte erstmals um
neun Uhr morgens magnetisieren: „Um dieselbe Minute, wo du ihr die
Hände auflegst, schlafe ich hier ein [...] – ich bete für sie." Am sechsten
Tage der Behandlung sah die Seherin einen Lichtstrahl und spürte, dass
eine Veränderung mit der Kranken vorgegangen sein müsse.

Später stellte sich heraus, dass die weit entfernt wohnende Gräfin zum
selben Zeitpunkt „aufs Innigste" an die Seherin habe denken müssen
und von da an „wie gezwungen" gewesen sei, „dem Grafen zu sagen, was
sie eigentlich in diesen Zustand gebracht, was sie noch keiner Seele
gesagt und was auch dem Grafen unbekannt war".[4] Wir erfahren ihr
Geheimnis nicht, aber nach ihrer Beichte kehrte sie allmählich aus ihrer
Traumwelt in die Wirklichkeit zurück. Sie besuchte häufig die Seherin in
Weinsberg und wurde von dieser gleichsam nachbehandelt. Die Seherin
betete mit der Gräfin sieben Tage lang, während ihre weiteren Verordnungen (Magnetisieren, Amulett, Tee) pünktlich befolgt wurden.

---

[1] Silberer, 1911.
[2] J. Kerner, 1829, 1. Theil, S. 199.
[3] A. a. O., S. 201 f.
[4] A. a. O., S. 203 f.

Schließlich war „auch die letzte Wolke in ihr" verschwunden, und die Gräfin war völlig genesen: „wie durch einen Zauberschlag".[1]

In dieser Episode können wir alle Elemente der somnambulen „Heilkunde" auffinden, die man heute als „mediales" oder „geistiges Heilen" bezeichnen würde: das intuitive Erfassen der Krankheit (Diagnose), die somnambule Verordnung (die Anweisung des „inneren Arztes"), die sympathetische Fernwirkung (Fernheilung) und die unmittelbare Kur im Sinne einer „Geistheilung" durch gemeinsame Gebete und bestimmte Manipulationen. Als psychotherapeutische Momente sind hier der Zwang zur kathartischen Aussprache der Gräfin und das Ertragenlernen peinlicher Gedanken, als paramedizinische Momente die Fernheilung und die magnetische Kur, und als religiöse Momente das Beten und die Glaubensstärkung zu nennen. Die Vorstellung einer sympathetischen Einwirkung durch bestimmte Gegenstände (z. B. Amulette) oder durch das gesprochene oder gedachte Wort (z. B. Gebete), insbesondere über eine größere Entfernung hinweg, war schon zu Kerners Zeit recht umstritten und wurde zunächst von der naturwissenschaftlichen Medizin, später aber auch von der aufkommenden medizinischen Psychologie und Psychotherapie abgelehnt. Im Kontext von *New Age* und „Alternativmedizin" im ausgehenden 20. Jahrhundert wurde das Interesse an „Geistheilung" (*spiritual healing*) bzw. „Fernheilung" (*distant healing*) erneut geweckt, insbesondere durch das Auftreten charismatischer Heiler wie Harry Edwards in England.[2] Die „Seherin von Prevorst" wurde 1845 ins Englische übersetzt und faszinierte natürlich Spiritisten im angelsächsischen Sprachraum – offenbar bis in unsere Zeit.[3] Erst kürzlich widmete ihr ein US-amerikanischer Spiritismusforscher eine Monografie.[4] Er stellte die Person der „Seherin" als leuchtendes Beispiel für die Offenbarungen von spiritistischen Medien dar und ordnete sie als positiven Meilenstein in die Geschichte des Spiritismus und Okkultismus ein. Ein gewisser Martin W. Stuart, ehemaliger Professor für Musikwis-

[1] A. a. O., S. 207.
[2] Edwards, 1960.
[3] J. Kerner [1829], 1845.
[4] DeSalvo, 2008.

senschaft am *Grossmont College*, San Diego, pries dieses Buch sogar auf der Schmutztitelseite als *„a spiritual eye-opener to many, many people"*. Es ist allerdings fraglich, ob man daraus schon auf eine Renaissance der „Seherin von Prevorst" in den USA schließen kann.

Auf Mesmers Spuren

Im Folgenden wollen wir Justinus Kerners Person in den Mittelpunkt der Betrachtung rücken. Seine Bedeutung nicht nur für die Geschichte des Mesmerismus, sondern auch die Medizin- und Psychiatriegeschichte im Allgemeinen und die „magischen" Momente der Arzt-Patienten-Beziehung im Besonderen wurde bisher kaum angemessen gewürdigt. In Kerners Lebensgeschichte liefen zwei Leitlinien zusammen: die medizinische Lehre des „thierischen Magnetismus" und die „somnambulen" Wahrnehmungen bzw. Mitteilungen des Subjekts. Letztere waren keineswegs auf die „Seherin von Prevorst" oder andere Patientinnen Kerners beschränkt, sondern betrafen ihn persönlich, wenngleich in geringerer Intensität und im Rahmen relativer „Normalität". Sein Leben lang, insbesondere im Alter, fühlte sich Kerner auch krank. Freilich thematisierte er das eigene Kranksein und Leiden nicht in seinen medizinischen und psychologischen („okkulten") Schriften, umso stärker traten sie in seinem literarischen Werk in Erscheinung, beispielsweise im Gedicht „Der Kranke an den Arzt":

„Arzt! o laß dein schmerzlich Heilen!
Weh zerreißt dein eignes Herz.
Und doch kannst du tröstend eilen
Täglich, ach! zu neuem Schmerz."[1]

Diese Strophe können wir als Selbstansprache, als Bruchstück seines inneren Dialogs lesen. Seine erste Begegnung mit dem „thierischen Magnetismus" hatte Kerner als junger Patient. Im autobiografischen „Bilderbuch aus meiner Knabenzeit" schilderte Kerner, wie er als Elfjäh-

[1] J. Kerner [1914], 1974, Teil 2, S. 138.

riger mit nervösem Magenleiden nach vergeblichen und zum Teil drastischen Behandlungsversuchen schließlich dem namhaften Arzt und
Magnetiseur Eberhard Gmelin aus Heilbronn begegnete. Dieser war
einer der ersten Mesmer-Anhänger in Deutschland, der (vermutlich
ohne Erfolg) versucht hatte, auch seinen Freund Friedrich Schiller zu
magnetisieren. Dieser schrieb im Hinblick auf seine bevorstehende
„schwäbische Reise", die er zusammen mit seiner schwangeren Frau im
Sommer 1793 unternahm, dass er „auf Gmelins Bekanntschaft und
magnetische Geschicklichkeit sehr neugierig" sei.[1] Allerdings blieb er
skeptisch und konnte Gmelins Begeisterung für den animalischen Magnetismus nicht teilen. Justinus Kerner berichtete nun, wie ihn Gmelin
einige Jahre später heilte: Er „sah mir mit seinen schwarzen Augen fest
ins Auge und fing mich mit ausgestreckten Händen vom Kopf bis Magengegend zu bestreichen an; er behauchte mir auch mehrmals die
Herzgrube. Ich wurde ganz schläfrig und wußte endlich nichts mehr von
mir."[2] Diese einmalige Begegnung mit dem Heilbronner Arzt hatte
„magnetische Träume" zur Folge, wie Kerner anmerkte: Sie hat „ein
magnetisches Leben in mir erweckt, das mir von dort an jene voraussa-
genden Träume und Ahnungen gab und in mir später selbst eine Vorliebe für die Erscheinungen des Nachtlebens der Natur, für Magnetismus
und Pneumatologie schuf."[3] Diese somnambulen Selbsterfahrungen als
Träumer und Tagträumer ermöglichten es Kerner, sich in seine Patienten einzufühlen.

Als alter Mann setzte sich Kerner als Mesmer-Biograf noch einmal mit
dem „thierischen Magnetismus" auseinander. Im Jahre 1854 besuchte er
Meersburg, den letzten Wohnort Mesmers, um dort die „wenigen Über-
reste aus seiner Verlassenheit" zu sammeln.[4] Daraufhin verfasste er die
erste und als Dokumentation bis heute grundlegende Mesmer-
Biografie.[5] Es ist interessant, wie Kerner hier Mesmers Ablehnung des

---

[1] Zit. n. G. Bauer, 1994, S. 30; Schott, 2002, S. 138.
[2] J. Kerner [1914], 1974, Teil 1, S. 120.
[3] A. a. O., S. 125.
[4] J. Kerner, 1856, S. 4 ff.
[5] J. Kerner, 1856.

Somnambulismus (den man später dem „Okkultismus" zuordnete) interpretiert. Zunächst meinte er: „Die Hervorrufung des Somnambulismus, um sich bei den magnetisirten Kranken durch ihr inneres Schauen Rath zu holen, lag allerdings nicht in der Heillehre Mesmer's." Erscheine aber der Somnambulismus während der Krankenbehandlung und schließe sich „dem Kranken dadurch ein inneres Auge für das Bild seiner Krankheit auf; so wäre es allerdings Unrecht gethan, diesen Zustand mit Gewalt zu unterdrücken oder keine Rücksicht auf dieses innere Auge des Kranken zu nehmen".[1] Nur der Missbrauch habe den „ruhigen, klaren Mesmer" veranlasst, den Somnambulismus aus dem „thierischen Magnetismus" auszugrenzen. Kerners Identifikation mit Mesmer war beachtlich. Es ist bemerkenswert, wie sehr er dem bewussten Anti-Spiritisten und Nicht-Psychologen Mesmer Beifall zollte – ein weiteres Indiz, dass Kerner sich nicht als Esoteriker der Geisterseherei, sondern als Naturforscher des Seelenlebens verstehen wollte, für den ärztliche Aufgaben im Vordergrund standen.

Aber widersprachen dem nicht Kerners Einstellung gegenüber der Dämonologie, die Annahme eines Zustandes von Besessensein in bestimmten Fällen und seine gelegentlichen exorzistischen Behandlungen? Fiel er nicht auf einen „vorwissenschaftlichen" Standpunkt hinter Mesmer zurück? Doch welche Einstellung hatte Mesmer? Bereits 1775 hatte dieser in der Auseinandersetzung mit dem damals berühmten Exorzisten Gassner das Besessensein auf die „Nervenkrankheit", insbesondere die „Epilepsie", zurückgeführt und die Kraft des Exorzismus auf den „thierischen Magnetismus". Der Exorzist Gassner erschien ihm also als ein Magnetiseur, „ohne es selbst zu wissen".[2] Damit hatte Mesmer im Sinne der Aufklärung „das Böse" medizinisch aufgelöst. In seinem Konzept existierte nur *eine* (sozusagen „gute") Naturheilkraft: der „thierische Magnetismus". Krankheit entstand demnach aus Verarmung an dieser Kraft, nicht aus der Besitzergreifung eines teuflischen „Widersachers".

---

[1] Ebd., S. 80.
[2] A. a. O., S. 41.

Es gibt nur eine einzige Stelle bei Mesmer, an der doch ein zerstöreri-
sches Gegenprinzip erwähnt wird. In seinen „Sätzen" (18 und 19) von
1775 ist von Körpern die Rede, „welche so sehr die entgegen gesetzte
Eigenschafft [zur magnetischen Kraft] besitzen, dass ihre blosse Gegenwart die Wirkung dieses Magnetismus in andere Körper, zerstöhrt".[1]
Aber anders als beim „Od-Vampirismus" (siehe oben) handelt es sich
nicht um ein bloßes Aufsaugen von magnetischer Kraft, die anderen
entzogen wird, um das eigene Kräftereservoir zu füllen. Sie sei, wie
Mesmer ausdrücklich hervorhebt, „nicht nur eine negative, sondern
wirklich, wenn auch entgegen gesetzte, positive Krafft." Sie könne also
alle Körper durchdringen, lasse sich „mittheilen, fortpflanzen, anhäuf-
fen, zusammendrängen, [...] durch Spiegel zurücke werfen, und durch
Schall fortpflanzen".

Für Kerner existierte im Gegensatz zu Mesmer ein Zustand des Besses-
senseins, der „Begeisterung (Besitzung) von einem bösen Geist". Aber er
versuchte, diesen Zustand in die Theorie des „thierischen Magnetismus"
einzuordnen, als dessen „anderer Pol", was vielleicht Mesmers „entgegen gesetzter Krafft" entsprach. Den „dämonisch-magnetischen" („gut-
magnetischen") Zuständen stellte er die „kakodämonisch-magnetischen"
(„bös-magnetischen") gegenüber, die er durch „das geistige Wort" und
durch seine Technik des Magnetisierens zu heilen versuchte.[2]

Kerners Selbstdarstellung als Mensch mit „magnetischem Leben" begegnet uns vielfach in seinen autobiografischen Zeugnissen: dem Maul-
trommelspiel zur Überwindung eigener Verstimmungen, seinen Gedich-
ten über Tod und Sterben, wobei das Bild des Sarges – etwa in seinem
Gedicht „Der Wanderer in der Sägemühle", das Franz Kafka einmal als
sein Lieblingsgedicht bezeichnet hat – eine große Rolle spielt, oder seine
„Kleksographien", mit deren Hilfe er quälende Dämonen „bannte". Wie
man neuerdings Kerner wegen seines Maultrommel-Spiels als einen
„Pionier der Musiktherapie" würdigt,[3] so sieht man in ihm wegen seiner

---

[1] Mesmer, 1781, S. 52.
[2] J. Kerner, 1834, S. 39.
[3] Häfner, 2009.

„Kleksographien" gerne einen Vorläufer der Psychodiagnostik im Sinne des Rorschach-Tests.[1]

Wir sollten Kerner jedoch nicht zum musizierenden, schriftstellernden oder psychologisierenden Selbsttherapeuten stilisieren, wenngleich manche Aktivitäten derlei nahelegen. Kerner hat sich bei alledem nicht wie einige spätere Tiefenpsychologen explizit und systematisch einer „Selbstanalyse" unterzogen. Aber er hat in einer Zeit, als die Psychologie noch nicht in der Medizin heimisch war, erste empirische Schritte gemacht, worauf C. G. Jung hingewiesen hat.[2] Die drei gängigen Facetten im Kerner-Bild – Dichter, Arzt, Okkultist – sollten genauer erläutert werden. (1) Als Dichter schilderte Kerner auch eigenes somnambules Erleben, das jedoch seiner Mitteilungsform wegen der Literatur und nicht dem „Okkultismus" zugerechnet wird. Inwieweit sein literarisches Arbeiten selbsttherapeutischen Charakter hatte, sei dahingestellt. (2) Als recht aktiver Amtsarzt war Kerner zugleich durchdrungen vom eigenen Kranksein, das es ihm ermöglichte, okkulte („magnetische") Phänomene ernst zu nehmen und zu erforschen. (3) Als „Okkultist" oder „Okkultforscher" konfrontierte ihn gerade Friederike Hauffe, die „Seherin von Prevorst", mit eigenen Seelenproblemen, die er nun durch die „objektive" Beschreibung der Krankengeschichte besser kennenlernen und mithilfe mesmeristischer Theorien einordnen konnte.

Das Verhältnis zwischen Arzt und Patientin war eigenartig stabil. Trotz aller Sympathie und „Ansteckungsgefahr" bewahrte Kerner eine professionell geboetete Distanz, die ihn vor einem Scheitern seiner Beziehung zur Seherin schützte und ihn arbeitsfähig erhielt. Beobachten, Niederschreiben, Dokumentieren bedeuteten Objektivieren und Kontrollieren seines Umgangs mit der Kranken. Kerner vergaß dabei nie die vorgegebene ärztliche Rolle, d. h., er begriff die Seherin durchgehend als Schwerkranke, ja, Todkranke. Dies hinderte ihn jedoch nicht, an ihrer „jenseitigen" Welt Anteil zu nehmen, die er verwundert miterlebte, ohne ihr anheimzufallen. So sehr ihm nach eigenem Bekunden auch das

---

[1] J. Kerner, 1857; Baumgartner-Tramer, 1943; Schott / Tölle, 2006, S. 140.
[2] Jung [1935], 1981, S. 834.

„magnetische Leben" vertraut gewesen sein mag, so wenig verfing er sich tatsächlich in den „magnetischen Kreisen" seiner Patientin. Er war sicherlich fasziniert von den Phänomenen, gewissermaßen verstrickt in den „Fühlsfäden" der Seherin. Aber er konnte sich willkürlich wieder aus dieser Verstrickung lösen und behielt somit die Situation im Griff. Mit anderen Worten: Er konnte objektive Naturforschung und subjektives Seelenleben bei allen Versuchen, beide miteinander zur Deckung zu bringen, doch auseinanderhalten.

Viertes Kapitel

Sympathie: Schlüsselbegriff der Naturphilosophie

Der Begriff der Sympathie (gr. *sympatheía*, lat. *consensus*) taucht in der Geschichte der Medizin erstmals in der hippokratischen Schrift „Die Regelung der Lebensweise" (*De diaita*, Über die Diät) auf, wo er ein funktionales Zusammenwirken aller Teile des menschlichen Körpers bezeichnet.[1] Der griechische Arzt Galen definierte dann im zweiten nachchristlichen Jahrhundert die Sympathie im Kontext der Säftelehre (Humoralpathologie) als Erkrankung eines Organs, die durch die Erkrankung eines anderen verursacht werde. Diesem physiologischen Verständnis der Sympathie stand bereits in der Antike vor allem bei den Stoikern ein kosmobiologisches gegenüber: Durch die einheitsstiftende Kraft des *pneuma* sei jeder Einzelkörper mit dem Kosmos als lebendigem Organismus („Weltseele") verbunden. Die Idee einer Wechselwirkung von Mikrokosmos und Makrokosmos lebte in der alchemistisch-magischen Tradition bis zur frühen Neuzeit fort. Die „natürliche Magie" (*magia naturalis*) mit ihren magischen Künsten, bekannt als „Sympathiezauber" in der Gelehrten- wie der Volksmedizin, hatte auch im Zeitalter der Aufklärung ungeachtet fortschreitender naturwissenschaftlicher Erkenntnisse weiterhin Konjunktur, wie das illustre Beispiel des sogenannten „thierischen" oder „animalischen" Magnetismus zeigt. Im Sympathiebegriff um 1800 mischten sich - abgesehen von literarischen Motiven - naturphilosophische, mystisch-religiöse, (neuro-) physiologische, psychosomatische und tiefenpsychologische Elemente. Erst die Konzepte der naturwissenschaftlichen Medizin ab der zweiten Hälfte des 19. Jahrhunderts, wie insbesondere die Reflexlehre, brachten diesen Schlüsselbegriff der neuzeitlichen Medizin nahezu zum Verschwinden. Gleichwohl wurde die Idee der Sympathie teilweise unter anderer Begrifflichkeit immer wieder aufgegriffen, zumeist als kulturkritischer Gegenentwurf zur empfundenen Zerrissenheit der modernen Welt. „Sympathie" bezeichnet in der heutigen Umgangssprache nur noch die emotionale Zuneigung eines Menschen zu einem anderen, während alle anderen Bedeutungsdimensionen (fast) gänzlich verschwunden sind.

Sympathie als „Einsfühlung"

Die religiös-kosmische Dimension des Sympathiebegriffs war in der Zeit um 1800 durchaus lebendig und wurde durch die Französische Revolution besonders munitioniert. Am Beispiel von Joseph Görres kann dies aufgezeigt werden. Wie sehr Görres in der romantischen Naturphilosophie beheimatet war, zeigt seine frühe Schrift „Glauben und Wissen".[2] Hier griff er die Sonne als Symbol der allumfassenden Sympathie auf, einen zentralen Topos der Naturphilosophie und Theosophie: „Mit dem Feuerauge schaut sie [die Sonne] in ihre eigenen Tiefen hinein, und ruft die dunkeln Einheiten, die sie begreift, aus der schwarzen Nacht herauf; hinaus schaut sie in die Tiefen des Universums hin, um das Nichtich zu gewahren, und wie zarte Fühlfäden legen die Lichtstrahlen sich an die fernsten Körper an, um feinfühlend ihre Formen zu betasten, und ihren Umrissen sich anzuschmiegen".[3] Unwillkürlich erinnert dieses Zitat an die medizinische

---

[1] Hippokrates, Ed. Diller, 1962, S. 225-261.
[2] Görres, 1805 [a].
[3] Ebd., S. 53.

Anthropologie der Romantik, insbesondere an den *Plexus solaris,* das sogenannte Sonnengeflecht im Oberbauch, das in besonderer Weise sympathetische "Fühlfäden" in den Makrokosmos senden sollte – eine Vorstellung,
die wir in der zeitgenössischen Medizin, etwa bei Justinus Kerner oder Carl
Gustav Carus wiederfinden.

Der deutsche Philosoph und Soziologe Max Scheler hat wie kaum ein
anderer Autor des frühen 20. Jahrhunderts versucht, den in Vergessenheit geratenen Begriff der „Sympathie" zu reaktivieren. Es lag für ihn
nahe, Schillers „Ode an die Freude" als ein Musterbeispiel der „metaphy-
sischen Sympathie- und Liebeslehren" ins Feld zu führen.[1] Er wies
nachdrücklich auf den Verlust der kosmischen Bezüge des Menschen
durch die Verobjektivierung der Natur hin, insbesondere in seinem
Werk „Wesen und Formen der Sympathie": „Der einseitige, historisch
aus dem Judentum hervorgegangene, Nur-Herrschaftsgedanke des Menschen über die Natur, der immer mehr, trotz aller Gegenbewegungen
von Urchristentum, Franziskanismus, Goethe, Fechner, Bergson, romantischer Naturphilosophie, ein Axiom gleichsam des abendländischen
Weltethos geworden ist und der schließlich die materialistische Abso-
lutsetzung des Naturmechanismus erst zu einer seiner Folgen hatte,
muss also prinzipiell für die Zukunft zerbrochen werden. [...] Die *Bildung*
des Menschen (auch jene seines Gemütes) hat jeder ‚fachwissenschaftli-
chen' Haltung zur Natur als einem zu beherrschenden Gegner vorherzu-
gehen. Darum müssen wir – pädagogisch – die kosmovitale Einfühlung
an erster Stelle geradezu wiederentwickeln und sie aus ihrem Schlafzu-
stande im abendländischen Menschen des kapitalistischen Gesell-
schaftsgeistes (mit dem zu ihm wesensmäßig gehörigen Weltbild eines
Alls bewegbarer Quantitäten) aufs neue erwecken."[2] Scheler knüpfte
damit an die „Sympathie" an, den Schlüsselbegriff der romantischen
Naturphilosophie und des Mesmerismus. Es sei noch einmal hervorgehoben, dass dieser Begriff für die vormoderne Medizin große Bedeutung

---

[1] Scheler [1913], 1974, S. 14.
[2] A. a. O., S. 113.

hatte, sowohl in physiologischer, psychosomatischer, tiefenpsychologischer als auch in therapeutischer Hinsicht.

Sympathie zwischen Körper und Seele

In der medizinischen Anthropologie um 1800 diente der Sympathiebegriff vor allem dazu, die Wechselwirkung zwischen Seele und Körper bzw. zwischen „Seelenorgan", das man im Gehirn lokalisierte, und den Körperorganen zu erklären. In der dritten Fassung seiner medizinischen Dissertation, die schließlich zum Druck angenommen wurde, formulierte Friedrich Schiller dementsprechend: „Man kann in diesen verschiedenen Rüksichten Seele und Körper nicht gar unrecht zwein gleichgestimmten Saiteninstrumenten vergleichen, die neben einander gestellt sind. Wenn man eine Saite auf dem einen rühret, und einen gewissen Ton angibt, so wird auf dem andern eben diese Saite freiwillig anschlagen, und eben diesen Ton nur etwas schwächer angeben. So wekt, Vergleichungsweise zu reden, die fröhliche Saite des Körpers die fröhliche in der Seele, so der traurige Ton des ersten den traurigen in der zweiten. Diß ist die wunderbare und merkwürdige Sympathie, die die heterogenen Principien des Menschen gleichsam zu Einem Wesen macht, der Mensch ist nicht Seele und Körper, der Mensch ist die innigste Vermischung dieser beiden Substanzen."[1]

Die musikalische Resonanz als Metapher für das Zusammenspiel von Körper und Seele lag nahe. Einerseits gab es mit der Glasharfe ein Musikinstrument, das durch seine Sphärenklänge wie kein anderes geeignet schien, über die Nerven auch auf die Seele einzuwirken, was sich Franz Anton Mesmer bei seinen magnetischen Kuren zunutze machte. Andererseits rückte mit dem Aufblühen der Neuroanatomie und -pathologie das Nervensystem als Vermittlungsagentur zwischen Körperlichem und Seelischem verstärkt ins Blickfeld. Die Sympathie zeigte sich für Schiller, der als Mediziner bestens über die physiologische und

---

[1] Schiller, 1780, S. 30.

anthropologische Bedeutung dieses Begriffs unterrichtet war, als Resonanz nach dem Vorbild der Musik.[1]

Ähnlich wie Schiller pries auch der bekannte Zürcher Arzt Johann Heinrich Rahn die „wunderbare Übereinstimmung" von Körper und Seele, die „Mitleidenheit oder Sympathie".[2] Die beiden ganz ungleichen Dinge seien im Menschen miteinander vereint. „Die wunderbare Uebereinstimmung, in welcher die Seele mit dem Körper in wechselseitiger Verbindung stehet", sei bei dem Menschen „durch ein so enges, genaues und geheimes Band mit einander so verbunden, [...] daß, so lange das Leben dauret, die Seele allenthalben sey, wo der Körper ist, und der Körper aller Orten sey, wo die Seele ist."[3] Band, Seil, Saite oder Faden waren beliebte Metaphern, um die Wirkungsweise der Sympathie zu veranschaulichen. Es lag nahe, die Nerven als Verbindungsapparate zwischen Zentrale und Peripherie anzusehen. So sprach Johann Christian Reil, der Hirnanatom und Kliniker aus Halle, von „Verbindungsseilen", um das Nervensystem als Medium, als Vermittlungsinstanz zwischen dem Seelenorgan im Gehirn und den Körperorganen zu charakterisieren. Das Gehirn als Sitz der Seele könne „gleichsam als das Band der Seele und des Körpers, als Mittelpunkt aller Lebenskraft [...] betrachtet werden."[4] Die Hauptfunktion der Nerven bestehe darin, „daß sie zu Reizungsmitteln anderer Organe dienen. Man kann sie gleichsam als Seile betrachten, die überall im Körper an eine Menge seiner Organe angeheftet sind und die eigentümliche Tätigkeit dieser Organe erregen, wenn sie angezogen werden."[5] Recht anschaulich stellte Reil die Vermittlungsfunktion dieser „Nervenseile" zwischen der „Seele" einerseits und dem Körper sowie der Außenwelt andererseits dar. Er betrachtete den menschlichen Körper als eine Hohlkugel mit „einer doppelten innern und äussern empfindlichen Oberfläche". Die innere Oberfläche sei das Organ der Seele, und die äußere der Körper und die Außenwelt. „Von einer dieser

---

[1] Riedel, 1984.
[2] Rahn, 1790, S. 1.
[3] A. a. O., S. S. 2.
[4] Reil, 1811, S. 8; H. Schott, 1988, 187 f.
[5] Reil [1795], 1910, S. 47. f.

Oberfläche zur andern gehen Nerven, gleich Saiten gespannt, innerlich von der Seele, äusserlich von der Welt und dem Körper zur Thätigkeit aufgeregt, vermählen sie den Körper mit der Seele."[1] Die Metapher der Vermählung zeigt, dass es sich hier nicht um einen Reflexvorgang im modernen Sinn handelt, sondern um eine Wechselwirkung, eine Verschmelzung von Körper und Seele, wie sie dem Sympathieverständnis der natürlichen Magie entsprach.

„Nervenvermählung" im Mesmerismus

Das Konzept des Mesmerismus vor dem Hintergrund der Elektrizität wurde bereits eingangs ausführlich dargestellt (Kap. 1). Hier soll nur *ein* wesentliches Moment herausgehoben werden: die sympathetische Vereinigung beim Magnetisieren, die sogar als „Nervenvermählung" bezeichnet wurde. „Sympathie" war, wie gesagt, in der Medizin um 1800 ein Schlüsselbegriff und betraf selbstverständlich auch das zwischenmenschliche Verhältnis. Gerade beim magnetischen *rapport* sollte eine sympathetische Wechselwirkung erzeugt werden und eine Art rein nervöse Liebesbeziehung in Gang kommen, die den gesamten Organismus, Leib und Seele, in Mitleidenschaft ziehen konnte.

So schrieb der Berliner Chirurg C. A. F. Kluge in seinem bekannten Lehrbuch über den animalischen Magnetismus: „Wirken nun zwei Nervensysteme, von denen das eine mehr Wirkungsvermögen, das andere mehr Reizbarkeit hat, auf einander ein, so verschmelzen beide in Eins. Die Somnambule nimmt die Nerventhätigkeit des Magnetiseurs auf; das Nervensystem des Letzteren verlängert sich und findet sein peripherisches Ende im Körper der Erstern".[2] In diesem Zusammenhang verwies er auf den Begriff „neurogamischer Somnambulismus", den der Anatom und Physiologe Karl Friedrich Burdach geprägt hatte, wobei dieser das aktive Subjekt mit „männlichem Charakter" als *Neurander* (wörtlich:

---

[1] Reil, 1811, S. 5.
[2] Kluge, 1818.

Nervenmann), dasjenige mit „überwiegender Receptivität und Passivität" als *„Neurogyne"* (wörtlich: Nervenfrau) bezeichnete.[1] Wir wollen uns nun Burdachs Ausführungen zuwenden, die eindrücklich zeigen, wie ernsthaft die damaligen Ärzte und Naturforscher bemüht waren, den animalischen Magnetismus als neurophysiologische Erscheinung zu begreifen und mithilfe von erotischen Metaphern plausibel zu machen.

Im Jahre 1810 veröffentlichte Burdach sein umfassendes, naturphilosophisch inspiriertes Werk „Die Physiologie". Er war damals als Professor in Leipzig tätig. Seine Bedeutung wird heute vor allem darin gesehen, dass er zu den ersten Forschern gehörte, die die Begriffe „Biologie" und „Morphologie" prägten. In unserem Kontext interessieren seine Ausführungen über „Sympathisches", „Schlaf", „Neurogamie" und „Selenogamie", die im dritten Teil („Spezielle Naturlehre des menschlichen Organismus") unter dem Abschnitt „Nervensystem der Reproduction" subsumiert sind.[2] Nach Burdach beruht sie auf der Aktivität des „sympathischen Nerven": „Die mechanische Verbindung der Nerven gibt zwar keine hinreichende Erklärung von den Erscheinungen der Sympathie zwischen verschiedenen Organen, denn sie läßt uns nicht einsehen, weshalb die erregte Nerventhätigkeit gerade in dieser Richtung sich fortpflanzt [...]; allein diese Continuität der Nerven erklärt uns doch die Möglichkeit der Sympathie".[3] Als Beispiel gab er die Sympathie von Magen und Lunge an, die neurophysiologisch begründet wurde: „Der sympathische Nerve [sic] hängt mit dem Stimmnerven zusammen, und dadurch kann der Magen mit den Lungen sympathisieren (Husten aus Unreinigkeiten des Magens, und Erbrechen von starkem Husten)".[4]

Im Folgenden wollen wir Burdachs Beschreibung der „Neurogamie" genauer verfolgen. Ihn beschäftigte die Frage, wie eine Wirkung ohne körperliche Berührung zustande kommt, wie ein „unsichtbares Band" Individuen miteinander verbinden kann. Er beantwortete diese Frage

---

[1] Ebd., S. 205.
[2] Burdach, 1810, §§ 163, 166, 167, 168.
[3] Ebd., S. 266.
[4] A. a. O., S. 267.

mit der Annahme einer „Atmosphäre", mit denen Nervensysteme aufeinander einwirken könnten. Der Begriff der Atmosphäre entsprach den Vorstellungen zeitgenössischer Naturforscher wie Alexander von Humboldt und Johann Wilhelm Ritter, die damals galvanische Selbstversuche durchführten. Burdach schrieb: „Die Nervensysteme der animalischen Organismen wirken vermöge ihrer Atmosphäre auf einander, wenn sie auch nicht unmittelbar und körperlich sich berühren, sie stehen in Sympathie und Antagonismus unter einander, und werden durch ein unsichtbares Band umschlungen. Wir gähnen beim Anblick eines Gähnenden; [...] es erzeugen sich Krämpfe durch den Anblick von Krämpfen, und durch Berührung gesunder Thiere oder Menschen werden krankhafte Affectionen des Nervensystems beseitigt; [...] manche Menschen können einander nicht leiden, sie wissen nicht, warum; Andre hingegen fühlen sich gegenseitig angezogen, und selbst bey solchen, wo die Liebe nicht ausschließlich im Unterleibe ihren Sitz hat, scheint die Sympathie des niedern Nervensystems den Einklang der Seelen zu begründen und zu verkündigen: sie begegnen sich und würken beym ersten Zusammentreffen auf einander."[1]

Die Neurogamie wurde als Verschmelzung von zwei Nervensystemen definiert, wodurch die Personalität aufgelöst und eine Unterordnung geschaffen wurde: Die „dynamische Einwürkung des einen Nervensystems in das andre kann nun bis auf den Grad steigen, daß beyde in Eins verschmelzen [...]. Wenn nämlich zwey Nervensysteme, die für einander gestimmt sind, d. h. deren Charakter in einem gewissen Grade sich gleich ist, wovon aber das Eine verhältnißmäßig mehr Würkungsvermögen, das Andre mehr Reizbarkeit hat, auf einander einwürken, so kann sich Erstres mit Letztrem so in Beziehung setzen, daß es mit diesem Eins ausmacht; beyde Nervensysteme stellen dann ein Continuum dar, dessen Würkungsvermögen in Erstrem, und dessen Reizbarkeit in Letztrem überwiegend sich darstellt. Wir nennen diesen Zustand *Neurogamie*, da man ihn bisher mit dem unschicklichen Namen, thierischer Magnetismus, belegte; wir nennen das Subject mit vorwaltendem Wür-

---

[1] A. a. O., S. 272.

kungsvermögen, in welchem die Activität und der männliche Charakter sich mehr offenbart, den *Neurander*; das andre hingegen mit überwiegender Receptivität und Passivität die *Neurogyne*."[1] Burdach gab zwei Kriterien als „Bedingung des neurogamischen Processes" an: (1) Der Neurander muss ein stärkeres „jedoch leicht bewegliches Nervensystem" in Bezug auf die Neurogyne haben und „ruhig und mit Selbstvertrauen zu seiner Unternehmung schreiten"; (2) „Die Neurogyne muß reizbar und empfänglich seyn", vorzüglich würden sich hierfür „weibliche Individuen" eignen, „am meisten wenn sie hysterisch sind oder wenn die Periode ihrer Katamenien einzutreten im Begriff ist."[2]

Burdach wollte offenbar die gängigen Begriffe „animalischer Magnetismus" und „Magnetisieren" durch (neuro-) physiologisch seriöser klingende Bezeichnungen ersetzen. So sprach er nicht vom Magnetisieren, sondern vom „neurogamischen Process", vor allem von der „Neurogamie durch verbindende Methode", die Eberhard Gmelin die „mittheilende" genannt habe und die stichwortartig zusammengefasst bedeutete: Fingerspitzen auf die Stirn setzen, „Herabfahren" über Hals, Schultern, Arme bis zu den Daumen, wobei die Daumenspitzen diejenigen der Neurogyne berühren sollen; dann Herabfahren von der Herzgrube bis zu den Fußzehen, dann von der Nabelgegend bis zu den Fußzehen. „Dieses Streichen wiederholt man so lange, bis neurogamische Würkung eintritt." Somit würden beide Nervensysteme zu einem „Continuum" zusammengefügt: Das Gehirn der Neurogyne höre auf, „absoluter Centralpunct des Organismus zu seyn, und wird zu einem relativen depotenzirt: und der ganze Organismus [wird] ein bloßes Rumpfnervensystem, so dass dessen Functionen mit überwiegender Kraft vor sich gehen." Die Sekretion werde dann reichlicher, stärker, und die Neurogyne werde schläfrig. Der Schlaf werde befördert, wenn der Neurander „seine Hand an ihre Augenlider, oder Augenbrauen, oder an ihre Herzgrube hält".[3]

---

[1] A. a. O., S. 273.
[2] A. a. O., S. 274.
[3] A. a. O., S. 275.

Der Höhepunkt der Neurogamie war erreicht, wenn sich der Zustand des „neurogamischen Somnambulismus" einstellte. Hier war die Individualität der beiden Organismen aufgehoben, sie stellten nur noch „die entgegengesetzten Pole eines und desselben Nervensystems dar. Der Neurander ist ganz Gehirn: Spontaneität der obern Nervensphäre, Bewußtseyn, Sinnesthätigkeit und Willkühr sind in ihm überwiegend; — die Neurogyne ist nichts als Rumpfnerve: Bewußtlosigkeit, Mangel an Empfänglichkeit für äußere Sinneseindrücke, welche nicht durch den Neurander vermittelt werden". Die Neurogyne verfügte nach Burdach im neurogamischen Somnambulismus über außerordentliche Fähigkeiten: Sie konnte etwa den Sitz der Krankheit benennen und deren Ausgang vorhersagen oder passende Arzneimittel angeben. Nach dem Erwachen hatte sie keine Erinnerung an diesen Zustand, bei erneutem Somnambulismus erinnerte sie sich aber an die letzte somnambule Phase, „so daß sie gleichsam einen doppelten Charakter hat, oder ein zweyfaches Leben führt." Diese Feststellung entsprach dem, was später als „Doppel-Ich", „Bewusstseinsspaltung" oder „multiple Persönlichkeit" bezeichnet werden sollte.

Nach Burdach folgten die neurogamischen Erscheinungen „elektrischen Gesetzen". Wenn der Neurander seine Hand in Wasser gesteckt habe, „so unterscheidet die Neurogyne dieses Wasser von andrem." Auch der Hauch des Neuranders, in einem isolierenden Gefäß aufgefangen und mit der Mündung an die Herzgrube gehalten, habe dieselbe Wirkung, „als wenn der Neurander sie selbst berührte."[1] Der Mesmerismus hatte eine solche Übertragung des magnetischen Fluidums durch den Magnetiseur vielfach studiert und als Tatsache angenommen, insbesondere durch „magnetisiertes Wasser" und Anhauchen der „Herzgrube". Wasser schien besondere „Affinität" zum magnetischen Fluidum zu haben und dieses anhäufen zu können.[2] Magnetisiertes Wasser, das bestimmten Somnambulen leuchtend erschien, konnte innerlich und äußerlich an-

---

[1] A. a. O., S. 277.
[2] Kluge, 1811, S. 489.

gewandt werden.[1] Gotthilf Heinrich Schubert führte dessen Wirkung auf sein „astralisches Wesen" zurück, überhaupt würde sich bei jeder unserer Körperbewegungen das in ihm enthaltene „Lichtwesen des künftigen (inneren) Leibes" regen: „wir wirken, ohne es zu wissen, magisch auf die uns umgebende Natur ein."[2]

Das „Anhauchen" oder „Adspiriren" bedeutete eine besondere Technik der Übertragung des magnetischen Fluidums, die auch als *Excitans* eingesetzt werden und unter Umständen bei der magnetisierten Person eine Krise auslösen konnte, wobei die „Herzgrube" (*cardia ventriculi*, Mageneingang, *hypochondrium*) besonders sensibel zu sein schien.[3] Aber auch einzelne Körperteile, wie z. B. ein entzündetes Auge, schienen durch „Anhauchen" geheilt werden zu können.[4] Auch die Tatsache war bekannt, dass wiederholtes Magnetisieren dessen Wirkung verstärkte und Personen, die „öfters in neurogamischer Verbindung gestanden haben", sich sozusagen aneinander gewöhnten, „einander familiarisirt" waren, wie Burdach es ausdrückte. Dies zeigte sich auch durch periodische „Anwandlungen zum neurogamischen Zustande", nämlich durch die Neigung zum Schlafe zur selben Tageszeit und an demselben Ort.[1]

Burdachs kurzer Abriss über „Neurogamie" stellte eine Zusammenfassung des zeitgenössischen animalischen Magnetismus dar, den er wahrscheinlich aus wissenschaftspolitischen Motiven als Anatom und Physiologe umtaufen wollte. Dass er mit der „Nervenvermählung" – zumindest aus heutiger Sicht – ungewollt die erotische, ja sexualmagische Potenz des Mesmerismus verdeutlichte, gehört zur Ironie der Wissenschaftsgeschichte. Der „kryptogamische Schlaf", wie er die Neurogamie hier beiläufig auch bezeichnete, sei „keineswegs Einbildungskraft" und werde nicht durch mechanisches Streichen der Haut bewirkt. Er sei auch kein „gemeiner Galvanismus", da er „nicht so ausschließlich auf die Nerven wirke", und als (neurogamischer) Somnambulismus sei er auch kein

---

[1] A. a. O., S. 492 ff.
[2] Schubert [1808], 1840, S. 226.
[3] Kluge, 1811, S. 183 bzw. 389.
[4] Nübling, 1997, S. 90; C. E. Schelling, 1806.

Mittelzustand zwischen Schlafen und Wachen, vielmehr „ein tieferer Schlaf, als der gewöhnliche."[2]

Den Somnambulismus im Sinne der Mondsucht bezeichnete Burdach als „Selenogamie" (wörtlich: „Mondvermählung"). Auch Gestirne, insbesondere der Mond, könnten ‚"bei einem gewissen Grade von Reizbarkeit" das Nervensystem beherrschen. Interessanterweise vertauschen sich jedoch die Geschlechterrollen im Verhältnis zur Neurogamie: Männer seien eher betroffen als Frauen, „da das männliche Geschlecht mehr Receptivität für die allgemeinsten Verhältnisse und für die Einwürkungen des Universums hat. [...] Die Subjecte werden hier dem Monde unterthan, wie bey der Neurogamie dem Neurander."[3] Wenngleich Burdach zur Präferenz des männlichen Geschlechts bezüglich der Mondsucht keine weiteren Angaben machte, lag diese wegen der traditionellen Einschätzung des Mondes als weiblicher Himmelskörper (*luna*) nahe, der besonders den männlichen Organismus anzog – analog zur weiblichen *Natura*, welche die männlichen Naturforscher in der frühen Neuzeit faszinierte. Beim „selenogamischen Somnambulismus" sei die Anziehung des Mondes so stark, dass die Betroffenen auf Giebel und Türme steigen würden, um sich dem Monde zu nähern. Das geschehe auch mit fest geschlossenen Augen: „Das exaltirte Gemeingefühl ersetzt die Stelle der pausirenden Sinne".[4] Selenogamische Subjekte seien häufig zugleich auch neurogamisch und würden in diesem Zustand bekennen, „daß alles blos aus Liebe zum Mond geschehen sey." Soviel zu Burdachs Ausführungen, die von manchen späteren Autoren rezipiert wurden.

So griff auch der Dresdner Frauenarzt und Landschaftsmaler Carl Gustav Carus Jahrzehnte später auf die „Neurogamie" zurück: Beim magnetischen Rapport handele es sich, so Carus, „um eine Art von Vermählung zweier Nervenleben", „und insofern hat auch das magnetische Verhält-

---

[1] Burdach, 1810, S. 278.
[2] A. a. O., S. 279 f.
[3] A. a. O., S. 280.
[4] A. a. O., S. 281.

nis allerdings etwas mit Geschlechtsliebe gemein, welche letztere ebenfalls in ihre höchsten Stimmungen das Bewußte ins Unbewußte ein-
taucht."[1] Wir haben es hier mit einer experimentellen – gewissermaßen
nervösen – Liebeskrankheit zu tun, die von mesmeristischen Ärzten zu
therapeutischen Zwecken erzeugt wurde. Sigmund Freuds Begriff der
„Übertragungsliebe" reflektierte unausgesprochen diese „Neurogamie"
und auch Charcots Vorführungen – in gewisser Weise Verführungen –
von Hysterikerinnen könnten hier eingeordnet werden. Den magnetisierenden Ärzten waren die Gefahren dieser künstlich angefachten Liebe
vielfach bewusst: Sie konnte nämlich außer Kontrolle geraten, in eine
reale Pathologie oder einen gesellschaftlichen Skandal umschlagen, wie
dies der oben erwähnte Chirurg Kluge vorsichtig andeutete: „Ist dies
sympathische Verhältnis des Somnambulen zum Magnetiseur erst zu
einiger Stärke gediehen, so wird es zum Zustand des Wachens mit übertragen und der Kranke fühlt sich dann auch ausser der Krise zu seinem
Magnetiseur besonders hingezogen."[2]

Der Jenaer Arzt und Naturphilosoph Dietrich Georg Kieser, der mit seinem „System des Tellurismus" eine umfassende Lehre des animalischen
Magnetismus entwerfen wollte, kritisierte die Bezeichnung „Neurogamie" als „unpassend", da sie nur eine besondere Art der Wechselwirkung, nämlich die des Nervensystems beträfe.[3] In einer anonymen Re-
zension des oben referierten Werkes „Die Physiologie" von Burdach
wurde diese Bezeichnung ebenfalls kritisiert. Es sei nicht zu billigen,
wenn dieser „den sinnvollen Nahmen des thierischen Magnetismus
aufhebt, und die unschickliche Benennung *Neurogamie* substituirt, den
Magnetiseur *Neurander* und die Somnambüle *Neurogyne* nennt."[4] Gebe
es doch kein treffenderes Bild, um die gänzliche Abhängigkeit der Somnambüle von dem Magnetiseur zu bezeichnen, als den Magneten und
das Eisen!

---

[1] Carus, 1860/1964, S. 241.
[2] Kluge, 1818, S. 205.
[3] Kieser, 1822, 1. Bd., S. 31.
[4] Anonymus, 1810, S. 339.

Gottvertrauen und Amulette als Schutz

Bekanntlich gehörte es zum Grundwissen der Ärzte, dass die Ansteckungsgefahr in Seuchenzeiten besonders für solche Menschen groß war, die ängstlich und verzweifelt um ihre Gesundheit bangten. Deshalb rieten Ärzte zu einer Art „moralischen Aufrüstung": Die Menschen sollten sich durch eine positive Lebenseinstellung und angenehme und erfreuliche Lebensumstände gegen die Seuche immunisieren. Dies lässt sich für die Pestepidemien in ausgehendem Mittelalter und früher Neuzeit ebenso nachweisen wie für die Choleraepidemien im 19. Jahrhundert. Im Folgenden wollen wir ein Beispiel aus dem 19. Jahrhundert anführen. Anlässlich der drohenden Choleraepidemie verfasste Justinus Kerner 1831 von Amts wegen ein „Sendschreiben an die Bürger des Oberamts Weinsberg". Als eine Aufklärungsschrift ist sie in populärem Stil geschrieben und erinnert an politische Agitation. Zunächst will Kerner die Bevölkerung aufrütteln und vor der bevorstehenden Katastrophe warnen: „Wenn der Geldpresser durch's Dorf geht und da anklopft, wo nichts ist, ists wohl ein Jammer; aber größer ist, ihr Lieben! der Jammer, wenn der Tod, der Menschenpresser, von Haus zu Haus geht und die Schuld fordert, oder anklopft an mancher Herzenskammer in der nichts ist als Weltlust und Todesangst. Das ist ein Jammer!"[1] In bildreicher Sprache schilderte er nun die Ausbreitung der Epidemie, die über Asien, Russland und Polen nach Mitteleuropa vorgedrungen sei. Er dämonisierte die Seuche und personifizierte sie als „giftigen Buben" und „asiatischen Würger".

Im Jahre 1770 habe sich, so Kerner, die Cholera in Ostindien zunächst nicht ausgebreitet: „es hatte sie der schlimme Geist (der auch euch hie und da befällt) der des Wanderns, da noch nicht befallen. Erst im Jahre 1817 entwuchs dieser giftige Bube den Kinderschuhen, zog sich die Meilen-Stiefel an und begann nun über Land und Meere zu wandern."[2]

---

[1] J. Kerner, 1831, S. 1.
[2] A. a. O., S. 4 f.

Kerner vernachlässigte dabei keineswegs die genaue Information und schilderte Symptomatik und Verlauf der Krankheit bis zum Tode oder zur Genesung. Solche Seuchen seien auch „Fingerzeige Gottes", ein „Zeiger nach oben". Zugleich warnte er vor einer falschen Einstellung: „Fürchtet nicht ängstlich den Tod, noch suchet ihn sehnsüchtig, erringt euch ein Leben, ein langes, in Gott."[1] Anschließend zählte er einen langen Katalog von möglichen hygienischen Gegenmaßnahmen auf, die prophylaktisch die Ausbreitung der Seuche verhindern sollten. Dabei spielte die emotionelle Einstellung neben den Nahrungsmitteln und dem Lebensraum eine wichtige Rolle: „Den Furchtsamen, den Verzweifelnden trifft sie [die Cholera] gar leicht, daher waffnet euch, ihr Lieben! [...] Den Zornigen, den Rachsüchtigen, den Leidenschaftlichen trifft sie leicht. Suchet eure Leidenschaft, dies Tier in euch zu zähmen". In dieser predigthaften Diktion zeigte sich sein psychologisches Gespür für die Bedeutung der seelischen Einstellung im Kampf gegen die Krankheit. Mut, Zuversicht und Gottvertrauen wurden als Stärkungs- und Abwehrmittel verstanden. Hierzu zählten auch die „sympathetischen Heilmittel" des Volkes, wie folgendes Beispiel belegt.

Auch heute noch wird häufig mit dem Begriff der Romantik Verinnerlichung, Rückzug ins Individuelle, Abkehr vom gesellschaftlichen Leben assoziiert. Dabei vergisst man, dass gerade mit der romantischen Bewegung eine Hinwendung zu den Lebensäußerungen des „Volkes", zum Gemeinschaftsgefühl der Gruppe, zur Popularisierung wissenschaftlicher Theorien befördert wurde. Die romantischen Naturforscher und Ärzte propagierten keine Esoterik in sozialer Abgeschiedenheit, sondern vielmehr die Öffnung der Universitätsmedizin zu den traditionellen Heilweisen der „einfachen Leute". Sie begriffen „magische", „magnetische" oder „sympathetische" Heilweisen als Ergänzung der „rationellen Medicin". In einer Rede im Jahre 1843 vor der Versammlung der Oberamtsärzte und Chirurgen zu Heilbronn über die „Heilung durch Sympathie" brachte Kerner seine Einstellung noch einmal unmissverständ-

---

[1] A. a. O., S. 8.

lich zum Ausdruck.[1] Zunächst beklagte er die Ignoranz der „rationellen Medicin": „Sympathetische Heilmittel haben sich durch Tradition von Geschlecht zu Geschlecht fortgepflanzt, auch in Büchern bewahrt, während die rationelle Medicin sich zu vornehm denkend, sie nicht beachtete, aber doch hie und da erleben mußte, daß Gebrechen, die auf ihre Weisen nicht zu heilen waren, oft jenen sympathetischen Einwirkungen wichen."[2] Er forderte die Kollegen dazu auf, die Heilung durch Sympathie vorurteilslos zu erforschen und praktische Erfahrungen zu sammeln. „Die Zeit ist offenbar vorüber, wo man sich schämte, vom Katheder zum Volk hinabzusteigen und unter ihm Perlen für die Wissenschaft zu suchen."[3] „Magnetische Erscheinungen" waren für ihn Naturphänomene, „weder als Ausgeburten des Aberglaubens, noch als Wunder zu nehmen". Er antizipierte hier die spätere Einschätzung der „magischen Erscheinungen" von Carl Custav Carus.[4]

In einem historischen Exkurs referierte Kerner die verschiedenen sympathetischen Heilweisen: das „Anblasen" entzündeter Körperstellen, das „magnetisierte" Wasser, die Krankheitsübertragung (*transplantatio morborum*), Handauflegen, sympathetische Blutstillung, Berücksichtigung des Mondeinflusses. Er betonte die Bedeutung der Person des Arztes, „daß dieser zugleich das Heilmittel seyn muß, daß also von der Kraft, die von ihm ausgeht, auch sehr das Gelingen solcher Heilungen ausgeht".[5] So meinte er schließlich, „daß die nähere Erforschung und Erprobung sympathetischer Heilmittel auch gewiß ein Gegenstand des rationellen Arztes ist, besonders desjenigen, der so nahe beim Volke lebt, wie die HH. Landärzte".[6] Kerner stieß mit diesem Vortrag offenbar auf keinen nennenswerten Widerspruch.[1] Allerdings entspann sich drei Jahre später darüber eine standespolitische Auseinandersetzung. 1846 behandelte Kerner den „Hirschwirt Kachel aus Kochersteinsfeld" wegen

---

[1] J. Kerner [1843], 1981.
[2] Ebd. S. 187.
[3] A. a. O., S. 188.
[4] Carus, 1857.
[5] J. Kerner [1843], 1981, S. 193.
[6] A. a. O., S. 194.

Schwindsucht und angeblichem „Todeszauber" seiner Frau.[2] Neben der üblichen Verordnung herkömmlicher Medikamente aus der Apotheke gab Kerner dem Kranken auch einen beschriebenen Zettel als Amulett zum Umhängen gegen den angenommenen bösen Zauber der Ehefrau. Dies wurde nach dem Tode des Patienten bekannt und führte zu einem Nachspiel. In einem Schreiben der Regierung an das Medizinalkollegium, die oberste Medizinalbehörde des Landes, ist zu lesen: „Die Anwendung sympathetischer Mittel von seiten des Dr. Kerner scheint uns mit seiner Stellung als öffentlich angestellter Gesundheitsbeamter unvereinbar zu sein."[3]

Kerner hatte zuvor sein Handeln in einer Stellungnahme gerechtfertigt: „Diß [die Verordnung des Amuletts] geschah von mir mit aller wissenschaftlichen Überlegung und mit aller Vereinigung meiner Stellung als Oberamtsarzt als ein auf die Einbildung dieses Mannes psychisch wirkendes Mittel."[4] Schließlich wurde er in dieser seiner Auffassung bestätigt: Eine Verfehlung könne ihm „nicht zur Last fallen, da er bei seiner Handlungsweise den wissenschaftlichen Boden nicht verlassen hat", heißt es in der Stellungnahme des Medizinalrats Seeger „von seiten der Medicinalpolizey".[5] Dessen reflektierte „Aphorismen" zur sympathetischen Behandlungsmethode sind auch heute noch sehr lesenswert. Sie decken sich wohl im Wesentlichen mit Kerners Einstellung. So meinte Seeger, dass der erfolgreichen Erprobung der „sympathetischen Curmethode [...] eine gewisse Stelle in der Therapie der Krankheiten angewiesen werden" müsse. Vorzugsweise sollten Ärzte diese Kurmethode anwenden, da nur sie dieselbe sachgerecht beurteilen könnten. Ähnlich äußerte sich auch der Königliche Obermedizinalrat Ludwig in seinem Gutachten zum Fall Kerner; als „öffentlicher Gesundheitsbeamter" habe sich Kerner keinerlei Versäumnis zuschulden kommen lassen. Sein Eintreten für sympathetische Heilmittel wirkte also keineswegs sen-

---

[1] J. Kerner, 1846.
[2] Gehrts, 1982, S. 44.
[3] Zit. n. Gehrts, 1982, S. 46.
[4] Zit. a. a. O., S. 51.
[5] Zit. a. a. O., S. 63.

sationell oder skandalös. Von einer „Zurechtweisung" ihres Oberamtsarztes sahen die vorgesetzten Behörden gänzlich ab. In seiner Person vereinte Kerner den „rationellen" und den „sympathetischen" Arzt – Schulmedizin und alternative Medizin, wie wir heute vielleicht sagen würden –, der sich der wissenschaftlichen Medizin ebenso verpflichtet fühlte wie den Lebensgewohnheiten des „Volkes". Dieses hat er als Aufklärer dort attackiert, wo es ihm dumm und roh erschien, um es eines besseren zu belehren. Zugleich hat er sich ihm dort achtungsvoll zugewandt, wo es in seinen Augen noch die „innigste Naturverbindung" erkennen ließ.

Kerners Interesse an der „sympathetischen Curmethode" ist im Kontext der Medizin am Vorabend ihres naturwissenschaftlichen Umbruchs ab der Mitte des 19. Jahrhunderts zu sehen. Ein verbindliches wissenschaftliches „Paradigma" fehlte, naturphilosophische und mesmeristische Ansätze waren noch unmittelbar sowohl im wissenschaftlichen Diskurs als auch in der ärztlichen Praxis gegenwärtig. Von romantischer Naturphilosophie inspirierte Ärzte wie Justinus Kerner vermuteten in volksmedizinischen Heiltraditionen, namentlich den „magisch-magnetischen" oder „sympathetisch-magnetischen Kuren" verborgene Schätze einer wirkungsvollen Medizin. Deshalb interessierten sie sich für Überlieferungen der Volksmedizin, die sie systematisch sammelten und publizistisch aufbereiteten. Sie wollten die alten Haus- und Volksmittel, die ja teilweise immer noch alltäglich angewandt wurden, wissenschaftlich unvoreingenommen untersuchen und prüfen, wie dies beispielsweise der Rostocker Arzt und Medizinprofessor Georg Friedrich Most in seinem Kompendium über „Die sympathetischen Mittel und Curmethoden" (1842) und seiner „Encyclopädie der gesamten Volksmedicin" (1843) ausführlich darlegte.[1] Die „sympathetischen Volksmittel" könnten dadurch nützen, „daß sie die oft schlummernde oder zu schwache *Naturaristokratie*, d. i. den wahren Arzt *im Menschen selbst*, die nöthige Kraft und Stärke geben".[2] Insofern galt für ihn: *„Vox populi,*

---

[1] Most, 1842; 1843.
[2] Most, 1842, S. XIII.

vox Dei!"[1] Vor allem wollte er versuchen, „Lebensmagnetismus mit Sympathie [...], diese dunkle Lehre auf *naturwissenschaftliche Principien* zu basiren."[2]

Zugleich ging es Most um die wirksame Propagierung der medizinischen Diätetik im Sinne einer Erfahrungs- und Hausmedizin im Dienste der „Menschenerziehung".[3] Überhaupt: „Arzt und Volk sollen nicht, wie zwei verschiedene indische Kasten, abgesondert leben; der Eine kann und soll vom Andern lernen!"[4] Mit ähnlichem wissenschaftlichen Pathos und Ordnungssinn hörten seinerzeit die Brüder Grimm als Sprachwissenschaftler auf die Stimme des Volks und sammelten seine Märchen. Auch die Literatur der medizinischen „Magie" bzw. des medizinischen „Aberglaubens" wurde bibliografiert, einschließlich der „Geschichte der magnetischen Curen und des Somnambulismus.".[5]

Medizin, Mesmerismus und Mystik

Die enge Verbindung von medizinischer Naturforschung, Mesmerismus und Mystik im frühen 19. Jahrhundert soll an einem prominenten Fallbeispiel aufgezeigt werden. Im Folgenden wollen wir uns einem wirkmächtigen Publizisten zwischen Französischer Revolution und politischem Katholizismus zuwenden, der seine Laufbahn in Koblenz als Gymnasiallehrer begann und in München als Hochschullehrer beendete: Joseph Görres. Die bisherige Görres-Rezeption geschah vornehmlich in politik- oder literaturhistorischer sowie theologischer oder religionspädagogischer Perspektive.[6] Je nach fachlicher Blickrichtung erschien der Held als jakobinischer Revolutionär, politischer Journalist, Gesellschaftskritiker oder christlicher Mystiker im Gefolge der

---

[1] A. a. O., S. XI.
[2] A. a. O., S. XIV.
[3] Most, 1843, S. XXVIII.
[4] A. a. O., S. XIII.
[5] Gräße [1843], 1906. S. 43-46.
[6] P. Müller, 1973; Frühwald (Hg.), 1978; Wacker, 1990; Jansen, 1992.

romantischen Naturphilosophie. Görres' Beziehung zur Medizin jedoch fand weniger Beachtung, obwohl er sich immer wieder intensiv mit Fragen der medizinischen Naturforschung auseinandersetzte. In klassischen Darstellungen der Medizingeschichte taucht sein Name nicht auf. Aber auch in speziellen Studien zu Görres' Leben und Werk wird nur ausnahmsweise auf die Medizin Bezug genommen. Wenn dies einmal geschieht, so wird regelmäßig die Nähe zur Schelling'schen Naturphilosophie hervorgehoben. Görres reflektierte jedoch auf viel umfassendere Weise die Medizin seiner Zeit.

Das medizinisch wichtigste Gebiet, von dem Görres sich inspirieren ließ, war ohne Zweifel der animalische Magnetismus (Mesmerismus). Während im frühen Werk von Görres der klassische Mesmerismus mit seiner Fluidum-Theorie im Grunde keine Rolle spielte, so stand in seinem späten Werk der Somnambulismus, die romantische, tiefenpsychologische Transformation des Mesmerismus, im Mittelpunkt. Sein monumentales Spätwerk, die vierbändige „Christliche Mystik", basierte weitgehend auf dem zeitgenössischen mesmeristischen Diskurs.[1] Es erinnert unmittelbar an Schriften von Gotthilf Heinrich Schubert oder Josef Ennemoser, welche Magie, Dämonologie und Religion in der Kulturgeschichte der Menschheit vom aktuellen Standpunkt des Mesmerismus rückläufig dokumentieren, erschließen und interpretieren wollten.

Für Görres zeigte sich „neuere seelische" Mystik in „verschiedenen Formen des Hellsehens und des sog. Lebens-Magnetismus".[2] Er versuchte, die Ekstase in weitestem Sinne psychosomatisch zu deuten, wobei es hierbei letztlich um die Mittelstellung des Menschen zwischen Oben und Unten, Innen und Außen, Natur und Geist ging. „Der Mensch [...] ist [...] zwischen die noch innerliche Geisterwelt in ihren Intelligenzen, und die noch äußerliche Körperwelt mit ihren Elementen gesetzt; beide in sich, in dem ihm einwohnenden Dritten, dem seelischen Band verknüpfend [...]. In seiner äußerlichen Leiblichkeit [...] ist er nach Oben hinauf cerebral, nach Unten vitalvasculär gegliedert; und nun im cosmischen Bezuge zu der

---

[1] Görres, 1836-42.
[2] Ebd., Bd. 1, S. 15.

umgebenden Welt, zwischen das sonnenhafte Oben derselben und das erdhafte Unten gestellt, und einigt beide in sich in dem nervösmuskularen Mittleren. Je nach der innerlichen Psyche aber, wie diese nach Innen zurück geistig frei, nach Außen lebenskräftig gebunden, jener Leiblichkeit einwohnt; so ist er auch innerlich zwischen centrale und peripherische Intelligenzen, äußerlich zwischen höhere solarische und tiefere erdhafte Kräfte gestellt".[1]

Görres wollte vor allem die Krankheitsursache erschließen. Dabei folgte er der infektiologischen Vorstellung einer Keimübertragung, die sowohl in organischer als auch in geistiger Hinsicht Böses bewirke: „Der Todeskeim, den sein Leibliches in sich hat, ist in diesem organischen Verkehre mit dem physischen Übel das Bindemittel, in dem sich der Rapport vom einen zum anderen knüpft. Ebenso wird der moralische Todeskeim, die Sünde in ihm, das Band abgeben, das mit dem radical Bösen ihn zum Rapporte bringt".[2]

Auch Görres besuchte wie viele andere Naturforscher seiner Zeit Justinus Kerner in Weinsberg. Verschiedentlich erwähnte Görres Kerner und die "Seherin von Prevorst" in der „Christlichen Mystik". In einem längeren Abschnitt, in dem er die Fernwirkung natürlicher Substanzen auf den menschlichen Organismus diskutierte, heißt es: "Bedeutsam sind hier die Versuche, die Kerner mit der Seherin von Prevorst angestellt, wenn sie auch aus naheliegenden Gründen den Gegenstand nicht ganz zu erschöpfen vermocht."[3] Vermutlich erhielt Görres durch unmittelbare Beobachtungen und möglicherweise auch direkte Versuche mit der Seherin sowie die umfassende Dokumentation der Fallgeschichte durch Kerner entscheidende Anregungen für sein eigenes Werk. Dies zeigt sich insbesondere dort, wo er sich mit dem magnetischen Rapport, dem künstlichen wie spontanen Somnambulismus befasste und schließlich Besessenheit und Exorzismus in aller Ausführlichkeit diskutierte.

---

[1] A. a. O., S. 288 f.
[2] Görres, 1836-42, 3. Bd., S. 500.
[3] A. a. O., S. 190.

Seine Darstellung des magnetischen Rapports entsprach der zeitgenössischen mesmeristischen Auffassung: „So werden also die unteren Stufen, wo die Macht des äußeren überwiegt, auch durch das Vorwiegen der Gewalt des Magnetisirenden, und die gänzliche Hörigkeit des Magnetisirten, bezeichnet seyn. In dieser Hörigkeit sieht der Schlafwachende nichts von allem äußeren mit eigenen Augen, noch hört er etwas mit eigenem Ohr; was ihm sich in diesen Sinnen vernehmlich machen will, müht sich umsonst die Beschlossenheit derselben zu durchbrechen. Denn er sieht nun mit den Augen und hört mit dem Ohre dessen, der über ihn gebietet".[1] In dieser Wechselwirkung bilde sich eine „Doppelströmung, von Persönlichkeit zu Persönlichkeit, durch alle Gebiete derselben hindurch; so zwar, daß überall das von Außen Herantretende als das Mächtigere, das von Innen vorbrechende umfaßt, zurücktreibt, bemeistert und beherrscht; ohne darum dem inneren Seelischen anders, als durch Antrieb, Lockung und Verführung irgend etwas anzuhaben."

Fernwirkung war nach Görres nichts Ungewöhnliches. Der Magnetisierende könne auch mehr oder weniger weit Entfernte „schlafwachend" machen: „so ergibt sich daraus, daß alles Leben, nicht bloß das gehöhte, eine Wirkung in die Ferne hat, und daß diese nur unvernommen bleibt, weil es in seiner Umgebung an Erregbarkeiten fehlt, an denen sie sichtbar werden könnte."[2] An dieser Stelle bezog er sich auf die „Untersuchungen über den Lebensmagnetismus und das Hellsehen" des Frankfurter Arztes Johann Karl Passavant.[3] Die „dämonische Mystik" war für Görres jener Bereich des Bösen, der Krankheiten aller Art erzeugen könne. Er sprach auch hier von einem „Rapport", einer Übertragung bzw. Ansteckung oder Infektion des Bösen von einem zum anderen: "Wie um den Rapport zum physischen Übel, so wird es nun auch um den zum radical Bösen beschaffen seyn. Er kann nämlich entweder in die Persönlichkeit hinein, oder aus ihr hinaus gerichtet stehen; im ersten

---

[1] A. a. O., S. 302.
[2] A. a. O., S. 303.
[3] Passavant, 1821, S. 111 f.

Falle hat er seinen aktiven Grund außer ihr und der Einschlag desselben in sie kann nun ohne ihr bewußtes Zuthun in einem bloß leidenden Verhältniß, und insofern ohne ihre Schuld [...] geschehen. Im anderen Falle ist der thätige Grund in ihr selbst gegeben, die directe Wirkung geht also aus ihr hervor, und das äußere Böse wird nur zur Mitwirkung herausgefordert [...]. Ein Rapport auf dem ersten Wege einfallend, ist aber die *Besessenheit* [...]. Auf dem anderen [Weg] aber von der Persönlichkeit ausgehend [...] begründet er den *Zauber,* und die durch ihn verschuldete [...] Missethat [...] die *Zaubersünde.*"[1]

Viele Jahre nach Görres' „Christlicher Mystik" veröffentlichte der romantische Arzt und Naturphilosoph Gotthilf Heinrich Schubert seine Spätschrift „Die Zaubereisünden in ihrer alten und neuen Form".[2] Er argumentierte sehr ähnlich wie Görres, mit dem er in München vermutlich in Kontakt stand. Immerhin lebten sie jahrelang gleichzeitig in dieser Stadt und waren Mitglieder der Bayerischen Akademie der Wissenschaften. Vernunft beruhe, so Schubert, auf Sprache, auf der „Gabe des Wortes": „Dieses Wort ist das Licht, welches in die Finsterniß hereinscheint, davon die fleischliche Natur umnachtet ist. Es ist der reine, lauter Quell des Lebens und der Bekräftigung, von dessen Wasser das unabweisbare Verlangen unseres Geistes auf immer gestillt wird."[3] Auch im Menschenwort liege „schaffende und bewegende Kraft", die freilich „bis zum Dienste der Zaubereisünden herabgewürdigt" werden könne, auf denen göttlicher Fluch laste. So komme es auf den rechten Gebrauch des Menschenwortes an. Die Herrschaft des prophetischen Lebens komme nicht aus Kräften „eines dem Lichte widerstrebenden Geisterreiches [...], sondern aus dem Geiste der Wahrheit von oben."[4] Schubert hatte sich wie Görres sehr intensiv mit den Phänomenen des Somnambulismus und der Frage auseinandergesetzt, inwiefern sie prophetische Offenbarungen implizierten.

---

[1] A. a. O., S. 501 f.
[2] Schubert, 1854.
[3] Ebd., S. 41.
[4] A. a. O., S. 42.

Joseph Görres setzte sich intensiv mit Besessenheit, schwarzer Magie ("Zaubersünde") und der möglichen (religiösen) Heilung auseinander. Auch hier bewegte er sich weitgehend auf den Spuren der zeitgenössischen Literatur über Mesmerismus und Somnambulismus. Er teilte die „dämonische Mystik" in „Zauberwesen" und „Besessenheit" ein und problematisierte mit dem Terminus „Zauberwesen" die Traditionslinie der schwarzen Magie, Hexerei und „dämonischen Askese". Dabei wandte er sich gegen jene magische Medizin, die sich von ihrer religiösen Wurzel gelöst habe und im Dienste des Bösen bzw. des Teufels agiere, selbst wenn sie vordergründig Wunderheilungen vollbringen könne. So könnten Manipulationen des „thierischen Magnetismus" auch zu schwarzmagischen Operationen missbraucht und „das magnetische Baquet" zu „allerlei Arten von Scharlatanism" hinführen. Durch solche „dämonischen Condensatoren" werde „der Weg zu jeder Art des Betrugs und der Selbsttäuschung angebahnt".[1] Für Görres war die Naturmystik nicht *per se* böse, sie hatte jedoch ihre Berechtigung erst im Kontext der christlichen Mystik. Denn die Erscheinungen des animalischen Magnetismus gehörten zunächst noch dem Reich der Natur an.

Erst in der christlichen Mystik wurde in Görres' Anschauung das Reich der Gnade erreicht: „So bilden also die mystische und die magnetische Ecstase, obgleich in ihren äußeren Erscheinungen nahe verwandt, und die eine am Wege zu der anderen liegend, doch in ihrem tiefsten Grunde vollkommene Gegensätze; weil die eine dem Reich der Gnade, die andere dem der Natur angehört."[2] Während das „Gebiet der mystischen Ecstase" ein streng abgeschlossenes religiöses sei, handele es sich beim Gebiet der „magnetischen" Ekstase um ein physisches: „woher sich denn auch erklärt, daß während die Hellsehenden mit Vorliebe in die äußere Natur und ins eigene leibliche Innere schauen; dagegen die höhern Ecstatischen unablässig das innere Auge gegen Gott und die Geisterwelt gewendet halten".[3]

---

[1] Görres, 1836-42, 4. Bd., S. 499.
[2] Görres, 1836-42, 2. Bd., S. 297.
[3] A. a. O., S. 301.

Somit nahm Görres das Verhältnis von Natur und Geist, letztlich das von Naturbetrachtung und Gottesschau, in den Blick. Magnetische und mystische Ekstase seien zwar „geschieden in ihrem tieffsten Grund", hätten sich jedoch zu allen Zeiten „nebeneinander gefunden".[1] Davon leitete er ein Modell der gegenseitigen historischen Ergänzung ab, um das heidnische Altertum von der hebräisch-christlichen Entwicklung abzugrenzen. Ersteres habe die „natürliche" Ekstase mit ihren Symptomen „einer wahren Naturbesessenheit" gepflegt, Letztere habe mit ihrer „mystischen" Ekstase aus neuer, religiöser Quelle geschöpft.[2] Zwischen beiden Arten der Ekstase ergab sich für Görres eine klare Hierarchie: Der magnetische (natürliche) Seher schaue in die physische Welt „in *abendlich* niedergehender Vision", während der „heilige Seher" in „ansteigender *morgendlicher* Anschauung" in eine höhere göttliche Welt schaue. Je stärker die eine Art der Ekstase, umso schwächer die andere. In früheren Zeitaltern habe die mystische Ekstase die natürliche (magnetische) gebunden, in späteren „mehr erkalteten" habe die magnetische Ekstase die andere zurückgedrängt. Görres' Motiv war klar: Er wollte angesichts der seinerzeit vorherrschenden Deutungshoheit des animalischen Magnetismus die Eigenständigkeit und letztlich auch Überlegenheit der „christlichen Mystik" gegenüber der „magnetischen", d. h. natürlichen, retten.

Der jesuitische Theologe Georg Bürke hat in seinem Buch „Vom Mythos zur Mystik" ausführlich den wissenschaftshistorischen Kontext des späten Görres analysiert.[3] Er stellte die zentrale Bedeutung des Mesmerismus für die romantische Medizin und Naturforschung differenziert dar. Görres habe „in naturphilosophischer Hinsicht keine selbständige, schöpferische Leistung geboten", seine Leistung sei die „universale Synthese" gewesen.[4] Joseph Freiherr von Eichendorff verfasste wohl die schönste Charakterisierung von Görres, den er aus eigener Erfahrung als einen romantischen Magier imaginierte: „Heidelberg ist selbst eine prächtige

---

[1] A. a. O., S. 297.
[2] A. a. O., s. 298.
[3] Bürke, 1958.
[4] Ebd., S. 193 f.

Romantik; da umschlingt der Frühling Haus und Hof und alles Gewöhnliche mit Reben und Blumen, und erzählen Burgen und Wälder ein wunderbares Märchen der Vorzeit, als gäb' es nichts Gemeines auf der Welt. [...] Es hauste dort ein einsiedlerischer Zauberer, Himmel und Erde, Vergangenheit und Zukunft mit seinen magischen Kreisen umschreibend – das war Görres. Es ist unglaublich, welche Gewalt dieser Mann [...] nach allen Richtungen hin ausübte. Und diese geheimnisvolle Gewalt lag lediglich in der Großartigkeit seines Charakters, in der wahrhaft brennenden Liebe zur Wahrheit und in einem unverwüstlichen Freiheitsgefühl [...]. Sein durchaus freier Vortrag war monoton, fast wie fernes Meeresrauschen schwellend und sinkend, aber durch dieses unförmige Gemurmel leuchteten zwei wunderbare Augen und zuckten Gedankenblitze beständig hin und wider; es war ein prächtiges nächtliches Gewitter, hier verhüllte Abgründe, dort neu ungeahnte Landschaften plötzlich aufdeckend, und überall gewaltig, weckend und zündend fürs ganze Leben."[1]

Fünftes Kapitel

Fluidum: Zur Licht- und Strahlenmetaphorik

Die Visualisierung der Naturheilkraft als strahlendes Leuchten hatte in Mesmerismus und romantischer Naturphilosophie um 1800 Konjunktur. Aber auch nach deren Hochzeit im ersten Drittel des 19. Jahrhunderts wurden immer wieder entsprechende Phänomene beobachtet und beschrieben. Dass das Licht als Metapher der Wahrheit für die philosophische Metaphorologie im Sinne von Hans Blumenberg bedeutsam ist, sei hier nur am Rande erwähnt.[1] Betrachten wir nun im Folgenden den überaus schillernden Begriff „Fluidum". Er hängt sprachlich mit den deutschen Termini „Flut" und „Fluss" sowie dem lateinischen Wort

---

[1] Zit. n. Raab (Hg.), 1978, S.48 f.

„effluvium" (Plural: *effluvia*) zusammen, das in der *magia naturalis* zur Erklärung magischer Fernwirkungen herangezogen wurde.

Magnetische Ausstrahlungen

Der renommierte Botaniker und Naturphilosoph Christian Gottfried Nees von Esenbeck, ab 1818 Direktor des Botanischen Gartens der Universität Bonn, war einer der besten Kenner der mesmeristischen Literatur seiner Zeit. Besonders eindringlich schilderte er in seiner Monografie „Entwickelungsgeschichte des magnetischen Schlafs und Traums" die Wahrnehmung der magnetischen Ströme zwischen „magnetisch Befreundeten" als Lichterscheinung. Diese „Wirkungssphäre ist ein warmer wohlthätiger Lichtnebel, der den Magnetiseur und den Magnetischen umgiebt und stärker aus Haaren, Handflächen, Fingerspitzen strahlt. [...] Es geht auch aus der Ferne ein Lichtschweif von dem Magnetiseur aus." [2] Man könne „Ströme des Lichts aus beiden Daumen hervor gehen" sehen, „auch der Hauch des Magnetiseurs leuchtete", eine „vom Magnetiseur geriebene Glasplatte leuchtet."[3] Der magnetische Strom sei „heller, schneller, in Weiß und Blau spielend", während der elektrische „trüber, langsamer, – dunkelgelb und violet" sei. [4]

Nees breitete eine Zauberlandschaft der magnetischen Lichtphänomene aus, die wissenschaftshistorisch gar nicht so verwunderlich ist. Es sei daran erinnert, dass Anfang des 19. Jahrhunderts unsichtbares Licht erstmals experimentell sichtbar gemacht werden konnte. Der hannoveranische, nach England emigrierte Astronom William Herschel entdeckte 1800 die Infrarot-Strahlen und der Physiker Johann Wilhelm Ritter, der sich damals wie Nees in Jena, der Hochburg der romantischen Naturphilosophie aufhielt (es ist nicht unwahrscheinlich, dass sich beide über den Weg gelaufen sind), konnte im darauf folgenden Jahr die „ult-

---

[1] Blumenberg, 2001.
[2] Nees von Esenbeck, 1820, S. 55.
[3] A. a. O, S. 56.
[4] A., a. O., S. 57.

ravioletten Strahlen" experimentell nachweisen, die er als „chemische Strahlung" bezeichnete.[1] So lag es gewissermaßen in der Luft, unsichtbaren Strahlen nachzuspüren und sie sichtbar zu machen. Vor allem das Mesmer'sche „Fluidum" war Gegenstand vielfältiger Spekulationen im wahrsten Sinne des Wortes. In erster Linie wurden die Strahlengänge magnetisierender Handflächen und Fingerspitzen visualisiert – bis hin zu Reichenbachs *Od*-Strahlen (siehe unten). Das Faszinosum solcher unsichtbar-sichtbaren Ausstrahlungen ist kulturgeschichtlich in der Antike verankert, rückte im frühen 19. Jahrhundert in den Fokus des wissenschaftlichen Diskurses und ist auch heute noch spürbar, etwa bei der esoterischen Verwendung der Kirlian-Fotografie in der Alternativmedizin.[2]

Mesmeristische Strahlen, die angeblich von magnetisierenden Händen ausgingen, wurden immer wieder augenfällig gezeichnet. Am bekanntesten ist wohl die Abbildung aus dem Buch des englischen Arztes und Astrologen Ebenezer Sibly (oder Sibley), auf der die Strahlen bogenförmig von den Handflächen des Magnetiseurs auf die zu magnetisierende Dame gerichtet sind. (**Abb. 10**) Aus dem Kontext geht hervor, dass diese Darstellung keinesfalls als skeptische Karikatur gemeint war, was ja bei Illustrationen des animalischen Magnetismus um 1800 häufig der Fall war. In jener Zeit wurden Elektrizität und Magnetismus nicht nur in der Medizin angewandt, sondern auch – freilich in weit geringerem Umfang – in der Landwirtschaft. Der Arzt l'abbé Pierre Bertholon de Saint-Lazare aus Montpellier setzte sich intensiv mit der Anwendung der Elektrizität auch jenseits der Medizin auseinander. So beschäftigte er sich als ein Freund Benjamin Franklins mit dem Blitzableiter. 1783 veröffentlichte er sein umfangreiches Werk „*De l'Électricité des végétaux*", in dem er Methoden der elektrischen Behandlung von Pflanzen vorschlug, um diese zu kräftigen und fruchtbarer zu machen.[3] Hierfür beschrieb er eine Apparatur zum Versprühen von elektrisch geladenem Wasser.

[1] H. Weber, 2005.
[2] http://de.wikipedia.org/wiki/Kirlianfotografie (25.07.2011).
[3] Bertholon, 1783.

(**Abb.** 11) Die bogenförmigen Strahlen aus der Spritze erinnern an das magnetische Fluidum auf der vorigen Abbildung. Dort waren die Strahlen auf eine Person gerichtet, hier auf einen Baum. Noch in der ersten Hälfte des 20. Jahrhunderts gab es vor allem in Frankreich groß angelegte Versuche der Elektrokultur (*l'électro-culture*), die im ausgehenden 18. Jahrhundert begonnen hatten. Die betreffenden Geräte wurden zum Teil mit großem Erfolg verkauft.[1]

Die Visualisierung von magnetischen Strahlen, die aus Händen oder Fingerspitzen ausströmen, war im Mesmerismus ein beliebtes Thema. Wesentlich karger als auf der Abbildung von Sibly (siehe oben) sieht die Strahlenübertragung auf dem um 1845 entstandenen Holzschnitt aus, auf der ebenfalls eine Dame magnetisiert wird, die nach vorn gebeugt im Sessel sitzt und sich offenbar bereits im magnetischen Schlaf befindet. (**Abb.** 12) Auf einer anderen Illustration, die offenbar denselben Magnetiseur (Charles Lafontaine) zeigt, ist ein analoges Arrangement zu sehen. Es handelt sich um einen Holzschnitt, der als Bildtafel in einer französischen Zeitung von 1845 enthalten war.[2] Hier reagiert aber die Dame mit dauerhafter Streckung der Extremitäten, einer angeblichen Katalepsie. (**Abb.** 13) Die Abbildung ist auch auf dem Frontispiz der Schrift „*L'art de magnétiser"* des umherreisenden französisch-schweizerischen Magnetiseurs Charles Lafontaine zu sehen, die 1847 in der Erstauflage erschien.[3] Eine andere Illustration zeigt den magnetischen Strahlengang, der den Fingerspitzen des Magnetiseurs entspringt und sogar eine Wand durchdringt. (**Abb.** 14) Sie ist einer Publikation des bereits erwähnten magnetiseurs Du Potet entnommen. Dieser behauptete, dass es sich hier nicht um Einbildung (*imagination*) handele, sondern um direkte Wirkungen des ausgestrahlten Fluidums: „*il vint souvant me prévenir que des gens, placés dans la direction des mouvements fluidiques émis, mais séparés de*

---

[1] http://de.wikipedia.org/wiki/Elektrokultur (31.07.2012).
[2] http://catalogue.wellcome.ac.uk/record=b1159956 (13.07.2012).
[3] Hector Durville, 1921, S. 212; Lafontaine, 1847.

moi par une muraille, s'étaient endormis ou étaient tombés en convulsion".[1]

Auf einer anderen Abbildung, die den Strahlengang des magnetischen Fluidums verdeutlicht, ist das Magnetisieren einer in einer Reihe sitzenden Gruppe dargestellt. (**Abb. 15**) Wie Du Potet hierzu anmerkte, bildete er bei der magnetischen Gruppenbehandlung keine Menschenkette wie Mesmer oder Deleuze, sondern eine Reihe. So berichtete er von einer solchen Prozedur, die er in Montpellier – von Patienten bedrängt (*accablé de malades*) – vornahm, wo er zehn Personen innerhalb von 15 Minuten erfolgreich magnetisierte – *„ce temps suffisait pour qu'ils se trouvassent bien."*[2] Auf der Abbildung in einem populären Lehrbuch des Magnetismus ist eine „Waage der Gesundheit" zu sehen: Die magnetischen Strahlen, die von den Fingerspitzen eines Jungen ausgehen, haben offenbar stärkeres Gewicht als eine Anzahl von mit Arzneimitteln gefüllten Phiolen. (**Abb. 16**) Diese *„balance de la santé"* sollte verdeutlichen, dass der (animalische) Magnetismus nicht wie ein besonderes Arzneimittel gegen eine bestimmte Krankheit wirkt, sondern auf den gesamten Organismus, indem er das Gleichgewicht der Lebenskräfte wieder herstellt: *„il pèse plus dans la balance de la santé que la meilleure drogue préparée par le plus habile chimiste."*[3]

Als späterer Mitherausgeber des „Archivs für den thierischen Magnetismus" verfasste Nees von Esenbeck das Referat „Ein blindes Mädchen sieht mit den Fingerspitzen" um zu zeigen, „daß jeder mit Nerven begabte Theil [des menschlichen Leibes] Sinnorgan werden kann".[4] Der Jenaer Medizinprofessor Dietrich Georg Kieser (nach Nees' Tod 1858 sein Nachfolger im Amt des Präsidenten der Leopoldina) berichtete in einem Zusatz zur soeben erwähnten Mitteilung von Nees über einen elfjährigen Knaben, der „mehrere Monate lang täglich in unserer Umgebung seine Fingerspitzen, Nase, Kinn etc. ganz wie wir mit den Augen sehen-

---

[1] Zit. n. Hector Durville, 1921, S. 158.
[2] Zit. ebd.
[3] Hector Durville, 1921, S. 449.
[4] Nees von Esenbeck, 1818, S. 103.

den Menschen die Augen, gebrauchte."[1] Diese höchst spektakuläre Krankengeschichte mit ihren diversen Experimenen dokumentierte Kieser im Einzelnen auf gut 100 Seiten.[2] In seiner „Entwickelungsgeschichte" ging Nees auch auf die magnetische Introspektion ein, die Einblicke in das Innere des eigenen Körpers und seiner leuchtenden, mit „Lichtäther" durchflossenen Nervenbahnen ermögliche.[3]

Die Experimente mit Elektrizität, animalischem Magnetismus und Galvanismus waren in besonderer Weise mit Lichtphänomenen verbunden. Die Wissenschaft konnte offenbar die wilden Blitze des Himmels mit technischen Apparaturen und adäquaten Manipulationen in ein physiologisches Maß transformieren und damit den menschlichen Organismus gezielt beeinflussen. Gleichzeitig schien aber auch dieser Organismus selbst in seinem Nervensystem ein Reservoir an elektrischen bzw. magnetischen Kräften zu besitzen, die nach außen hinwirken und auf andere Gegenstände aller Art überspringen konnten. Vor allem der Mesmerismus regte im weiteren Verlauf des 19. Jahrhunderts die Fantasie der (medizinischen) Gelehrten wie die der Laien an und wurde vielfach zur Erklärung außergewöhnlicher Verhaltensweisen und Sinneseindrücke herangezogen.

Die Lichtphänomene nahmen dabei einen besonderen Rang ein, wie vor allem in der Lehre vom „Od", die Karl Freiherr von Reichenbach ab 1841 entwickelte (siehe unten). Er war vom Mesmerismus inspiriert und postulierte eine Lebenskraft (Od), die von „sensitiven" Menschen gesehen werden könne. Das Od als neues physikalisches „Imponderabel" und die Sensitivität als physiologische „feine Empfänglichkeit" korrespondierten dabei miteinander. In seiner Erwiderung an den Leipziger Physiker Gustav Theodor Fechner, der die Plausibilität seiner Lehre kritisiert hatte, schrieb er, dass er „nach der heutigen Methode der Naturforschung" im Einzelnen nachgewiesen habe, „daß 1) gewisse, aber nicht alle Menschen ein bisher unbeachtet gebliebenes Licht erschauen: a) am

---

[1] A. a. O., S. 115 [„Zusatz des Herausgebers"].
[2] Kieser, 1818, S. 50-151.
[3] Nees von Esenbeck, 1820, S. 62 f.

Magnete, b) an den Krystallen, c) an menschlichen Gliedern, d) an geriebenen Körpern, e) an von Sonnen- und Mondstrahlen beschienenen Drähten, f) an elektrisirten Metallleitungen, g) an chemischen Umsetzungen, h) endlich an allem stofflichen überhaupt. / 2) Daß mit dieser Lichtausströmung für gewisse, aber nicht für alle Menschen eigenthümlich laulich und kühlige Empfindungen, von welchen bis jetzt die Physiologie keine Kenntnis genommen, verbunden sind."[1]

Der *baquet* als Akkumulator

Hier sei eine persönliche Anmerkung eingeschoben. Im Anschluss an Mesmers Geburtstag im Jahre 1984 habe ich an verschiedenen Orten medizinhistorische Ausstellungen zur Geschichte des Mesmerismus organisiert und hierbei auch selbst gebaute „magnetische Kübel" (aus hölzernen Weinbottichen) ausgestellt, die eine gewisse Faszination auf die Ausstellungsbesucher ausübten. Einige meinten sogar, in seiner Nähe Strahlen zu verspüren, obwohl er selbstverständlich keine physikalisch wirkenden Strahlungsgeräte enthielt – vielleicht ein Beispiel für die „Magie der der Pseudomaschine", wie sie der Parapsychologe und Physiker Walter von Ludcadou beschrieben hat.[2] Mesmer bezeichnete seinen „magnetischen Kübel" von Anfang an als *„le baquet magnétique"* oder kurz: *„baquet".* Dem Französischen folgend, werde ich das Wort im Deutschen als Maskulinum behandeln, obwohl es Anfang des 19. Jahrhunderts im Deutschen zumeist als Neutrum („das *baquet"*) benutzt wurde.

Originale *baquets* sind heute äußerst seltene Museumsstücke. Außer dem „Nervenstimmer" von Justinus Kerners „Seherin von Prevorst" und dem Baquet seines Sohnes Theobald im Kernerhaus in Weinsberg (Kap. 3) sind nur noch zwei weitere Apparate erhalten. Der eine befindet sich in Rouen, der andere in Lyon. Der *baquet* des *Musée d'Histoire de la*

---

[1] Reichenbach, 1856, S. 111.
[2] Lucadou, 2002.

Médecine in Lyon stammt tatsächlich aus der Glanzzeit Mesmers um 1784. (**Abb.** 17) Er wurde von seinen Anhängern benutzt, die sich vergeblich darum bemühten, ihn auch im Krankenhaus zur Anwendung bringen zu dürfen. In einem solchen Apparat sollte nach Mesmer das „Fluidum" gesammelt werden, das dann als eine Art universelle Heilkraft den kranken Organen zugeführt werden konnte. Der Bauplan zeigt die verschiedenen Systeme, die im Innern des Gehäuses vereinigt sind: Eisenmagnete (*aimants*), ein elektrisches System mit einer Leidener Flasche im Zentrum (*bouteille de Leyde et ses armatures*) – von Mesmer ursprünglich nicht vorgesehen – sowie organische Substanzen (*couches végétales*) und Flaschen als Isolatoren (*flacons isolants*). (**Abb. 18**)

Dieser magnetische Kübel wurde nach Mesmers Anweisung 1784 in Paris gebaut und von einem seiner Schüler, dem Apotheker J.-B. Lanoix, nach Lyon gebracht. Da er jedoch im praktischen Gebrauch keine Wirkung zeigte, fügte dieser Magnetiseur eigenhändig ein „elektrisches System" ein, wodurch der *baquet* bei den magnetischen Kuren angeblich hervorragende Wirkung zeigte. Bei einem Besuch 1784 in Lyon prüfte Mesmer diesen Apparat und lobte ausdrücklich die vorgenommene Veränderung.[1] Die wesentlichen Wirkkräfte dieses Konglomerats waren jedoch nach Auffassung Mesmers nicht magnetischer oder elektrischer Natur, sondern entsprangen einer viel feineren Substanz, nämlich dem „thierischen Magnetismus", dem magnetischen „Fluidum".

Der *baquet* bildete das Zentrum der magnetischen Gruppenbehandlung. Die Kranken versammelten sich um ihn wie um eine Heilquelle: Aus den Eisenleitern und Wollseilen schien die Kraft überzuströmen. Die Szene auf einem zeitgenössischen Kupferstich zeigt eine magnetische Kur an Mesmers *baquet magnétique* im vorrevolutionären Paris, als Mesmer auf dem Höhepunkt seiner Karriere angelangt war. (**Abb. 19**) Ein „Leiter" ist auf das „Hypochondrium" („Herzgrube") einer Dame gerichtet, die gleichzeitig von Mesmer magnetisiert („manipuliert") wird. Die Spiegel an der Wand sollten die Wirkung des tierischen Magnetismus verstär-

---

[1] Génard, 1982, S. 43 ff.

ken. Es existiert eine große Anzahl von zeitgenössischen Darstellungen solcher Baquet-Szenen, zumeist in Form von witzigen bis boshaften Karikaturen, die schon lange in medizinhistorischen Standardwerken Beachtung gefunden haben und auf die hier nicht im Einzelnen eingegangen werden soll.[1]

Mesmer merkte hierzu an: „Dieses Behältniß stellt ein großes Gefäß oder eine Wanne mit verschiedenen magnetisirten Körpern und Stoffen angefüllt vor: wie Wasser, Sand, Stein, Glasflaschen mit Wasser gefüllt. Es ist ein gemeinschaftlicher Brennpunkt, worin sich der Magnetismus konzentrirt befindet, und aus welchem eine Anzahl Leiter gehen, die aus gekrümmten etwas spitzig zulaufenden Eisenstäben bestehen, deren eines Ende in das Behältniß taucht, indeß das andere an den kranken Theil gebracht werden kann. Diese Zurichtung läßt sich für eine Menge von Kranken gebrauchen, welche, damit sie hier die zu ihrer Heilung nöthigen Krisen bereiten, umhersitzen."[2] Mesmer schrieb keinen exakten Bauplan vor und überließ es den Magnetiseuren selbst, wie sie sich ihren Apparat konstruieren wollten. So entstanden in der Folgezeit recht verschiedene Konstruktionen. Es kam hierüber zu einem intensiven Gedankenaustausch zwischen Mesmer und seinen erfinderischen Anhängern, der teilweise veröffentlicht wurde.[3] Er belegt, wie offen und undogmatisch Mesmer mit den technischen Apparaturen umging. Im Gegensatz zu vielen Protagonisten der Naturheilkunde bestand er nicht auf einem exakten Bauplan, den er als Patent hätte verkaufen können.

Drei Konstruktionen seien hier kurz vorgestellt, die Mesmer zur Beurteilung zugesandt wurden. Der „Baquet-Octogone", der „l'Homme-Baquet" und der „Baquet-Moral". Der „Baquet-Octogone" bestand aus einem großen achteckigen Bottich, an dessen Ecken jeweils ein kleiner achteckiger Bottich über eine kurze Wasserleitung mit Hahn angeschlossen war. (**Abb. 20**) Der Apparat war (auf der Zeichnung) mit einer Magnetnadel mit einer Ecke nach Norden ausgerichtet, sodass jeder

[1] Hollaender, 1905.
[2] Mesmer, 1814, S. 116.
[3] Mesmer, 1785.

kleine Bottich einer Himmelsrichtung entsprach und zur Heilung einer bestimmten Krankheit diente. So sollte der Bottich nach Osten gegen plötzlichen Tod schützen und der gegen Südosten gegen Paralyse. Konkrete Berichte über entsprechende Heilungen sollte die Wirksamkeit des Apparats demonstrieren.[1] Eine einzigartige Modifikation des *„Baquet-Octogone"* war der *„l'Homme-Baquet"*. (**Abb.** 21) Eine vergleichbare andere Konstruktion ist mir nicht bekannt. Hier wurde eine menschliche Figur, etwa acht Fuß (*d'environ huit pieds*) hoch in des Baquet-Octogone gestellt. Das Modell war aus verschiedenen Materialien hergestellt, die großen Körperorgane aus Glas. Die magnetischen Ströme (*courans magnétiques*) sollten durch die auf den Kopf ausgerichteten Flaschenhälse das Modell aufladen. Die Kranken konnten sich dann mit einem gebogenen Eisenstab das heilsame Fluidum auf die betroffenen Körperteile ableiten, indem sie das runde Ende des Stabes auf den analogen Körperteil des Modells richteten.[2] Auch durch diesen Apparat sei es zu großartigen Heilwirkungen gekommen.

Der *„l'Homme-Baquet"* wurde nun weiter modifiziert zum *„Baquet-Moral"*. (**Abb.** 22) Dieser Apparat sollte auf die Seele einwirken, mit deren Heilung man nun ebenso vertraut sei, wie mit der Heilung physischer Übel.[3] Der linke *baquet* sollte angeblich die Eigenschaft haben, Laster zu erkennen und auszutreiben und wurde deshalb *„le Baquet-Vice"* genannt, der rechte sollte die entgegengesetzte Tugend stärken und hieß demgemäß *„Baquet-Vertu"*. Ersterer Apparat arbeitete am effektivsten bei Vollmond, letzterer bei aufgehender Sonne.[4] Vier Laster waren vier entgegengesetzten Tugenden in den kleinen Bottichen auf der gegenüberliegenden Seite zugeordnet. So gehörte zum Nord-Bottich der Geiz (*avarice*), zum Süd-Bottich die Freiheit (*liberté*).[1]

Bildliche und literarische Darstellungen zeigen, wie stark diese *baquets* auf die Menschen wirkten, die sich damals um sie wie um eine Heilquel-

[1] Ebd., S. 19-30.
[2] A. a. O., S. 46 f.
[3] A. a. O., S. 86.
[4] A. a. O., S. 93 f.

le gruppierten. Während Mesmer wie gesagt keine strikte Anweisung zum Bau eines *baquet* gab und ihn mehr oder weniger der Intuition der jeweiligen Magnetiseure überlassen wollte, entbrannte gerade bei den deutschen Mesmer-Anhängern in der Romantik ein Streit über die richtige Bauweise und Wartung des Geräts. Die große Frage war, auf welche Weise das Fluidum, diese wunderbare Heilkraft der Natur, in diesem Apparat am besten gesammelt werden konnte. Der seit 1812 in Jena lehrende Medizinprofessor Dietrich Georg Kieser setzte sich als Mitherausgeber des „Archivs für den Thierischen Magnetismus" besonders intensiv mit dem *baquet* auseinander. Er habe sich „von der bisher angenommenen mesmerschen Theorie der Wirkung des Baquets völlig frei gemacht".[2] Mesmers Angaben seien zu kompliziert und undeutlich. Deshalb wolle er eine eigene Konstruktion empfehlen. Er beschrieb einen viereckigen Holzkasten, in dem er einen weiteren Kasten „aus stark verzinntem Eisenblech" setzte. (**Abb.** 23) Diesen füllte er mit Eisenschlacken, Hammerschlag [schwarzes Eisenoxid], Eisenspänen und Brunnenwasser. Durch den *baquet* verlief eine senkrechte Stange, die aus der Mitte des Deckels ragte und mit einem Öhr versehen war, an dem unterschiedliche Seile befestigt waren. Zudem ragen bewegliche Eisenstangen mit unterschiedlicher Höhe aus dem Deckel, um sie „bei den Kranken anbringen zu können."[3]

Im Gegensatz zu Mesmer und Wolfart, die meinten, dass der *baquet* magnetisiert werden müsse, hielt Kieser ihn von sich aus für magnetisch. „Wie, wenn das Magnetisiren das [des] Baquet ganz gleichgültig zur Wirkung desselben wäre, und die Substanz des Baquets nicht durch vorherige Mittheilung oder Erregung der magnetischen Kraft, sondern aus eigner Kraft und selbstständig magnetisch einwirkten [sic]?"[4] So empfahl er das „Nichtmagnetisieren des Baquets", was dieselben Wirkungen hervorbringe, wie dessen Magnetisieren. Das beweise die „Un-

---

[1] A. a. O., S. 95.
[2] Kieser, 1818, S. 44.
[3] A. a. O., S. 46.
[4] A. a. O., S. 21.

haltbarkeit der mesmerischen Theorie".[1] Die Vorstellung, dass ein sol-cher *baquet* durch körperliche Berührung seiner Bestandteile beim Bau „auch unwissend magnetisiert sey", wies er als absurd zurück. Denn dann müssten ja „alle Umgebungen des Menschen am Ende zum Baquet" werden und die „Errichtung eines besonderen Baquets" wäre überflüs-sig und bloße Scharlatanerie.[2]

Es ist aufschlussreich, wie Kieser seine „Anwendungsweise des Baquets" im Einzelnen darstellte: „Der zu magnetisirende Kranke setzt sich auf einen gewöhnlichen, nicht isolirten Stuhl vor demselben [Baquet]; um-windet den kranken Theil seines Körpers [...] mit dem von der mittleren Eisenstange ausgehenden Seile oder Schnur, und bringt eine oder meh-rere der übrigen, gebogenen Eisenstangen in die Magengegend, so daß das stumpfe Ende derselben die Magengegend berührt. So mit dem Baquet auf doppelte Weise in Berührung gebracht, ergreift er nun mit der linken Hand die zur Magengegend führende Eisenstange, reibt die-selbe mit der rechten Hand der Länge nach, gleich als wenn er dieselbe mit der Hand poliren wollte, und bleibt in dieser Verbindung mit dem Baquet ½-1 Stunde lang."[3] Dies Verfahren, merkte Kieser an, entspreche dem von Mesmer vorgeschriebenen: Das magnetische Fluidum sollte durch die Schnur aus dem *baquet* in den Körper einströmen und durch die Eisenstange wieder ausströmen. Ein wichtiger Unterschied zeigte sich jedoch in der Einschätzung der Gruppenbehandlung: Für Mesmer waren die Gruppe um den *baquet* und insbesondere das Bilden einer Menschenkette wichtige Momente, um das Zirkulieren des Fluidums zu verstärken. Kieser dagegen stellte fest, dass „mehrere Personen am Baquet störend auf einander einwirken" und die magnetischen Erschei-nungen auch dann aufträten, wenn der Kranke auf andere Weise „sich mit dem Baquet in Berührung setzt", ja, es sogar nicht einmal berühre.[4] Die Behandlung in der Gruppe wird Kieser nach Möglichkeit wohl eher vermieden haben.

---

[1] A. a. O., S. 47.
[2] A. a. O., S. 48.
[3] A. a. O., S. 49.
[4] A. a. O., S. 50: Fußn.

Für Kieser waren die praktischen Erfolge, die er mit seinem unmagnetisierten *baquet* erzielte, überzeugend. So stützte er sich auf eine Fallgeschichte, die „Geschichte eines durch das unmagnetisirte Baquet allein erzeugten Somnambulismus und hiedurch geheilter Epilepsie".[1] Für ihn eröffneten sich damit neue Möglichkeiten des „thierischen Magnetismus", da die „magnetische Manipulation" und auch eine besondere Fähigkeit oder Kenntnis beim Bau eines *baquet* seiner Meinung nach nicht erforderlich war. Er bezeichnete den Apparat als „anorganischen Magnetiseur", der gegenüber dem „organischen oder psychischen Magnetiseur" wichtige Vorteile aufweise.[2] Insbesondere könne er nicht an „psychischen und physischen Verstimmungen" leiden, die auf den Kranken übertragen werden könnten. Er sei zuverlässig und könne nicht krank werden und damit die Kur gefährden, kurzum: Für Kieser sprach die „Sicherheit der Behandlung" unzweifelhaft für den *baquet*.

Auch die Selbstbehandlung sei möglich: „In einigen Fällen habe ich daher kein Bedenken getragen, meine Kranken ganz allein zum Baquet gehen zu lassen", ohne eine Änderung des Erfolges und der Wirkung. Noch weitere Vorteile wusste er zu benennen. Die Befürchtungen im Hinblick auf die Geschlechterkonstellation (männlicher Magnetiseur, weiblicher Patient) wie überhaupt die Angst des kranken Menschen vor einem Überwältigtwerden durch den Magnetiseur würden mit der *baquet*-Behandlung hinfällig. Denn „der besondere Rapport des Weibes mit einem Manne [dem Magnetiseur], so rein das Verhältniß auch in geschlechtlicher Hinsicht seyn mag und beim Magnetisiren gehalten wird, [hat] im Gefühle des Weibes, wie in der Meinung der Menschen immer etwas gegen sich".[3] Der *baquet* trat nun gleichsam als Distanzierungsmittel zwischen Magnetiseur und magnetisierter Person, von einem „sympathetischen Rapport" könne nun keine Rede mehr sein, „da der Magnetiseur bei der Anwendung des Baquets in keiner näheren Beziehung zu dem Kranken steht, als jeder Arzt zu dem sich ihm anver-

---

[1] A. a. O., S. 50-151.
[2] A. a. O., S. 161.
[3] A. a. O., S. 162.

trauenden Kranken".[1] Der Arzt dirigiert zwar dieses „höhere organische Heilmittel", ohne jedoch selbst in dessen „Kreis der Wirkung" zu treten.

Kieser versuchte, klare Indikationen bzw. Kontraindikationen für die *baquet*-Behandlung aufzustellen. Sie komme nicht in schnell verlaufenden Krankheiten in Frage, auch nicht bei solchen, „wo eine kräftige Depotenziirung [sic] auf directem Wege, z. B. durch Aderlässe, Abführungsmittel etc. nöthig ist".[2] Vorzugsweise sei der *baquet* bei den „sogenannten chronischen Nervenkrankheiten" anzuwenden. Überhaupt hielt Kieser jede Krankheit, die durch „dynamische Heilmittel" heilbar sei, unter bestimmten Voraussetzungen „für durchs Baquet vollkommen heilbar", ja, viele solcher Krankheiten seien damit „leichter, gründlicher und sicherer zu heilen [...], als die bisher gewöhnlichen Mittel."[3] Kieser sang ein Loblied auf die zunehmenden Erkenntnisse über den thierischen Magnetismus, den er in seinem späteren Hauptwerk „Tellurismus" taufte.[4]

Das seinerzeit populäre Bild von der Enthüllung der Isis als Symbol für die Entdeckung der Geheimnisse der Natur (man denke an Schillers Ballade „Das verschleierte Bild zu Sais") wurde von Kieser mit einer unüberbietbaren Erotik ausgemalt: Der „Schleier der Isis" werde „immer durchsichtiger und verklärter, und im gleichen Maße, wie wir mit treuer Liebe und mit regem Eifer [...] uns der Natur hingeben, nicht um unseres niederen persönlichen Interesses, sondern um der Natur selbst willen, kommt sie uns immer mehr mit verklärtem Angesichte entgegen und nimmt die sie Liebenden in ihre liebenden Arme auf."[5] Die zu entdeckenden inneren Gesetze der Natur stellten sich ihm letztlich als Offenbarungen der „über alles waltenden [...] ewigen Gottheit" dar.

Im Hinblick auf die von Mesmer geübte Gruppenbehandlung äußerte sich Kieser, wie bereits erwähnt, skeptisch. Sie habe den Nachteil, dass

---

[1] A. a. O., S. 163.
[2] A. a. O., S. 164.
[3] A. a. O., S. 165.
[4] Kieser, 1822; 1826.
[5] Kieser, 1818, S. 167.

die „mit besonders gesteigerter Empfindlichkeit der Nerven versehenen Somnambulen" durch die Nähe anderer Kranker „sympathetisch" in Mitleidenschaft gezogen würden.[1] Kieser warnte vor „Ansteckung": Wenn am *baquet* mehrere leidende Personen somnambul würden, könne es zu einer gegenseitigen Steigerung der Krankheit kommen und die Krankheit könne „durch organisch-psychische Ansteckung" übertragen werden. Seine Kranken, so Kieser, fühlten sich unwohl durch die Gegenwart Anderer. Man soll dem „innern Gefühl der Kranken, der leise tönenden Stimme der Natur" folgen.[2] Und er fügte in einer Art naturmystischem Überschwang hinzu: „Wo uns noch alle sichere Theorie fehlt, können wir nur der Natur selbst uns hingeben, wenn diese mahnend zu uns spricht." Die Ärzte sollten, so seine Empfehlung, nicht zu viele Kranke in Behandlung nehmen und wenn man doch viele zu behandeln habe, seien in verschiedenen Zimmern mehrere *baquets* aufzustellen.[3]

Kieser folgte Mesmers Idee von der „heilsamen Krise", die er nicht nur naturphilosophisch, sondern auch theologisch interpretierte. Sie sei das Heilmittel selbst, welches „die autocratisch handelnde Natur [...] instinctmäßig hervorruft" oder durch den Mund des zum „hellsehenden Somnambulismus erwachenden Kranken" befiehlt. Diesem „Befehl des Göttlichen" entgegenzuhandeln würde „die nothwendige Strafe" nachfolgen.[4] In seiner Abhandlung über den *baquet* ging es ihm erklärtermaßen um die „anorganische Sphäre", weshalb er – aus Gründen der Forschung – meinte, dass magnetische Manipulationen nicht mit der *baquet*-Behandlung kombiniert werden sollten. Zugleich betonte er, dass die „psychische und organische Sphäre" gleichermaßen wichtig seien. Der Mesmerismus bewege sich gewissermaßen in verschiedenen „Welten".[5] Auch pharmazeutische Mittel sollten nicht gegeben werden. In derselben Zeit, wo man die Kranken mit dem „aus dem innersten

---

[1] A. a. O., S. 168.
[2] A. a. O., S. 169.
[3] A. a. O., S. 171.
[4] A. a. O., S. 175.
[5] A. a. O., S. 176.

Heiligthume der Natur quillenden Heilmittel", dem „ewigen Leben-säther", behandle, könne man doch nicht „irdische Arznei neben dieser göttlichen" anwenden wollen.[1]

Wie die Anziehungskraft der Himmelskörper von ihrer Größe und die Wirkung von Bodenschätzen auf Rhabdomanten (Wünschelrutengän-ger) von ihrer Stärke abhängig seien, so hänge die Wirkung des *baquet* von seiner Größe ab. Kieser spekulierte über die drastischen Wirkungen eines übergroßen *baquet*. Er könne einerseits das kräftigste Heilmittel, „was unsere *medicina magica* aufzuweisen vermöchte", darstellen und selbst Tote wieder erwecken, andererseits aber „den hellsten Verstand des gesundesten Menschen der Herrschaft der finstern Erdgeister" un-terwerfen.[2] Überhaupt sprach Kieser die allgemeine Warnung aus, vor-sichtig bei der magnetischen Behandlung vorzugehen: „eine ewige Ne-mesis wacht über jeden Frevel an dem Heiligen und Göttlichen". Jeder, der mit dem *baquet* Versuche anstelle, müsse acht geben, dass es ihm nicht wie dem Zauberlehrling ergehe, der den hervorgerufenen Zauber nicht wieder bannen konnte. Und er schloss mit Schillers Vers: „Und der Mensch versuche die Götter nicht ".[3]

Ab 1812 setzte der Berliner Arzt und Mesmer-Anhänger Karl Christian Wolfart ein *baquet* ein, das als Gegenmodell zu dem von Kieser angese-hen werden kann.[4] Er enthielt in seinem Inneren einen Eisenkasten mit „Glastafeln und Glasflaschen, Wolle, vegetabilischen Substanzen, Samen, aromatischen Kräutern, Eisenschlacken, zerstoßenem Glas, Eisenfeile, Quecksilber, Stahlspänen und Wasser, welche „einzeln magnetisirt, in polarischer Ordnung gelegt werden."[5] Wolfart lieferte eine ausführliche Beschreibung und Gebrauchsanweisung.[6] Für ihn war entscheidend, dass die einzelnen Bestandteile beim Zusammenbau des Apparates durch „Striche" eines Magnetiseurs magnetisiert wurden. Ebenso muss-

---

[1] A. a. O., S. 177.
[2] A. a. O., S. 179.
[3] A. a. O., S. 180.
[4] Artelt, 1965.
[5] Kieser, 1826, S. 188.
[6] Wolfart, 1819.

te der fertige Baquet von Zeit zu Zeit magnetisiert, d. h. wieder aufgeladen werden. An diesem Punkte entzündete sich Kiesers Kritik an Wolfarts *baquet*. Dieser sei „eine willkürliche Mischung von siderisch und nicht siderisch" wirkenden Stoffen.[1] Die anhaltende Kraft der verschiedenen *baquets*, so Kieser, sei nicht „durch die mitgetheilte magnetische Kraft" zu erklären, sondern durch die „selbständige siderische Wirkung der im Baquet enthaltenen siderischen [eisenhaltigen] Substanzen".[2]

Joseph Ennemoser resümierte schließlich in seiner voluminösen „Anleitung zur mesmerischen Praxis" die verschiedenen Modellvarianten des *baquet*, die offenbar noch um die Jahrhundertmitte in Gebrauch waren.[3] Dabei erwähnte er auch „eine Art Blas- oder Sprachrohr" (*sarbacane*), das von französischen Magnetiseuren „zum Anblasen oder Anhauchen auf örtliche Stellen" angewandt werde.[4] Es handelte sich um „hohle Röhren von 1 – 2 Fuß Länge", die ein Anblasen von delikaten Körperstellen „beim andern Geschlecht" erlaubten, *„ou la décence ou le dégoût s'oppose"*, wie Ennemoser kryptisch-verschämt anmerkte. Möglicherweise wurde hier am Unterleib, wahrscheinlich auch an der Vulva, im Sinne der magnetischen Kur „angeblasen".

Es sei hier angemerkt, dass die mesmeristische Technik des Anhauchens von dem französischen Magnetiseur Hector Durville noch zu Anfang des 20. Jahrhunderts unter der Überschrift „Die Strahlung des Atems" beschrieben wurde.[5] Ausgehend von dem biblischen „Odem des Lebens" (Gen. 2,7) unterschied er das „kalte" und das „warme Anhauchen". Ersteres rufe aus einer Entfernung von 15 bis 20 cm gemäß seiner Vorstellung von der „Polarität des menschlichen Körpers" bei bestimmten Körperstellen entgegengesetzte Reaktionen hervor: So versetze das „[kalte] Anhauchen auf den Hinterkopf (Kleinhirn) [...] das Medium in Schlaf; auf die Stirne (Grosshirn) erweckt es dagegen."[6] Das „warme Anhauchen"

[1] Kieser, 1826, S. 188.
[2] A. a. O., S. 189.
[3] J. Ennemoser, 1852, S. 209-223.
[4] Ebd., S. 222.
[5] Hector Durville, 1912, S. 101-104.
[6] Ebd., S. 102 f.

124

dagegen erziele gegenläufige Wirkungen: Es wecke das Kleinhirn und schläfere das Großhirn ein. Durvilles Schlussfolgerung lautete daher: „Der warme Atemhauch ist demnach positiv, der kalte negativ". Dementsprechend erhalte Wasser durch kalte Anhauchung für „Sensitive" (im Sinne Karl von Reichenbachs) einen „lauwidrigen Geschmack", während die warme Anhauchung dem Wasser zu einem „erfrischenden Geschmack" verhelfe.[1] Letzteres wertete Durville als „Beweis, dass nicht die Wärmewirkung die Ursache der Empfindungen des Mediums unter dem Atemhauch war, sondern dessen Animismus". Denn obwohl der warme Hauch die Wassertemperatur etwas erhöhen würde, empfinde der Sensitive das „mit ihm geladene Wasser im Gegenteil erfrischend."

Mesmeristische *baquets* als Heilapparate hatten zahlreiche historische Vorläufer bzw. Analoga, vor allem Eisenmagnete und elektrische Apparate, aber auch Amulette jeder Art. Im weiteren Verlauf des 19. Jahrhunderts wurden dann „elektro-galvanische" bzw. „elektromagnetische" Apparate sowie Instrumente der Metallotherapie („Metalloskopie") entwickelt, die ihrerseits Anleihen bei mesmeristischen Techniken machten.[2] Als rezentes Beispiel wäre hier noch der „Orgon-Akkumulator" zu erwähnen, der von dem umstrittenen Psychoanalytiker und SexualforscherWilhelm Reich in den 1940er Jahren auf der Grundlage seiner *Orgon*-Theorie entwickelt wurde und in der „Paramedizin" gelegentlich auch heute noch in Gebrauch ist und kommerziell angeboten wird.[3] Es handelt sich um ein Gehäuse, dessen Mantel nach Reichs Angaben aus zwei Schichten besteht: außen Holz (oder „*Celotex*"), innen Metall (Eisen), dazwischen eine Schicht Baumwolle oder Glaswolle.[4] Es ähnelt in seinen Dimensionen, gerade auch mit seinem kleinen Fenster, einem traditionellen frei stehenden Toilettenhäuschen, wobei sich an der Stelle eines herzförmigen Loches in der Tür ein viereckiges findet. Der Kontrast zwischen beiden Heilapparaten springt sofort ins Auge: Während die *baquet* um 1800 für eine Gruppe von

---

1 A. a. O., S. 104.
[2] Harrington, 1985.
[3] http://www.orgonakkumulator.de/info.htm (5.01.2011).
[4] Reich [1948], 1974, S. 132.

Menschen den Brennpunkt darstellte und insofern eine gesellige, solidarische Gemeinschaft stiftete, isolierte der „*Orgon*-Akkumulator" um 1950 das Individuum wie in einem „Brutkasten".

Sensitive Wahrnehmungen des „Od"

Um 1850 wandte sich der aus Stuttgart stammende Chemiker und Industrielle Karl von Reichenbach dem Studium der sogenannten *Od*-Strahlen zu, die er als Ausdruck einer Kraft in der Natur ansah, die von „sensitiven" Menschen wahrgenommen werden könne. Er glaubte, damit eine bisher verborgene Naturkraft entdeckt zu haben, die sich vor allem als Licht zu erkennen gebe. Reichenbach war ein unruhiger Geist, abenteuerlustig und von einem starken Forscherdrang getrieben. Auf seine recht bedeutenden chemischen Entdeckungen und wirtschaftlichen Erfolge soll hier nicht eingegangen werden. 1835 konnte er das Schloss Reisenberg bei Wien, das sogenannte „Cobenzl", erwerben, in dem er eine Art naturkundliches Museum und chemisch-physikalisches Laboratorium einrichtete. Der Begriff „Od" sollte für alle physikalischen Erscheinungen gelten, die sich bei seinen Untersuchungen ergeben hätten „welche unter die Begriffe der bis jetzt angenommenen Dynamide nicht gebracht werden können, sammt der *vis occulta*, von welcher sie herrühren."[1]

Eine Anekdote, die Reichenbach ausführlich schildert, war wohl typisch für seinen subjektiven Forschungsstil. Als die „deutsche Naturforscher-Versammlung" in Wien getagt habe – es handelte sich um die 32. Versammlung Deutscher Naturforscher und Ärzte vom 16. September bis 3. Oktober 1856[2] –, sei eine „Gesellschaft von etwa 25 Mitgliedern und Frauen derselben" zu ihm „herauf nach Schloß-Reisenberg" gekommen. Die Räume seiner Sammlungen, Geräte und Präparate konnten vollkommen abgedunkelt werden, was ja eine Voraussetzung seiner *Od*-

---

[1] Reichenbach, 1849, 2.Bd., S. 20.
[2] http://www.oeaw.ac.at/biblio/Archiv/pdf/Naturforscher.pdf (8.04.2010).

Forschungen war. In ein solches Zimmer, das er „Dunkelkammer" zu nennen pflegte, führte er die Gesellschaft. „Als meine Freunde hier beisammen waren, schloß ich die Klappe und augenblicklich war die ganze Gesellschaft in vollkommene Finsterniß versenkt." [1] Nach einer Weile nahmen manche Personen Lichterscheinungen an den eigenen Händen und den Körperteilen von anderen wahr. Da von außen kein Licht eindrang, schien bewiesen, dass die Körper „eigenes Licht von sich aussenden mussten". Reichenbach schloss daraus, „daß die wahrgenommenen *Glieder Selbstleuchter* waren".

Zwei Grundgedanken zogen sich durch Reichenbachs *Od*-Lehre. Zum einen gibt es „zweierlei Menschen": die „Sensitiven", die unter gewissen Umständen das „*Od*" sehen und empfinden können, und diejenigen, die es auf keinen Fall wahrnehmen können, also „Leute, die so blind sind, wie ich".[2] Reichenbach zählte sich also selber zu den „blinden", das heißt nicht sensitiven Menschen. Zum anderen stellte er eine Polarität in den *Od*-Ausstrahlungen wie in den *Od*-Wahrnehmungen fest. Zunächst sei die „Polarität" des Lichts auffällig, das polare Körper wie Kristalle und Magnete ausstrahlen: An einem Pol erscheint es „heller und mehr röthlichgelb", am anderen „dunkler und mehr graubläulich". Diese Polarität zeige sich auch am menschlichen Körper. Die linke Hand erscheine heller, die rechte matter, bläulicher. Reichenbach bemerkte nun bei den Sensitiven einen „Dualismus" der *Od*-Wahrnehmungen: „Entweder waren die Empfindungen, welche die fühlende Hand erfuhr, *widrig laulich* oder sie waren *wohlbehaglich kühl* und in diese beiden Sensationen theilten sich alle Einwirkungen, die hier wahrgnommen wurden."[3] Wenn gleichfarbige Lichterscheinungen – zum Beispiel die bläulich leuchtende rechte Hand und der bläulich leuchtende Pol eines Magneten – aufeinandertrafen, fielen die Empfindungen „lauwidrig" aus, trafen sich ungleichfarbige Lichterscheinungen, waren sie „wohlkühl". Reichenbach formulierte den allgemeinen Grundsatz einer „odischen An-

[1] Reichenbach, 1858, S. 1f.
[2] A. a. O., S. 3 f.
[3] A. a. O., S. 5.

ziehung und Abstoßung", der nicht nur Menschen untereinander und im Kontakt mit den Naturdingen, sondern auch Letztere in ihrem Verhältnis zueinander betraf, „daß nämlich ungleichnamiges Od sich gegenseitig vereinigt, verstärkt und anzieht, gleichnamiges sich flieht, schwächt und abstößt."[1]

Das methodische Problem ergab sich aus der vermeintlichen Tatsache, dass nur Sensitive die betreffenden Wirkungen wahrnehmen konnten, die Nichtsensitiven aber „keinen unmittelbaren Maßstab" besaßen, die „odische Intensität" festzustellen. In langen Versuchsreihen mit Sensitiven wollte Reichenbach objektive Maßeinheiten für die odische Intensität finden, etwa die Fernwirkung von Metallen. Über relative vage Feststellungen wie derjenigen, dass mit der Dickenvergrößerung odischer Substanzen auch die „Intensität ihrer odischen Wirkung" wachse, kam er jedoch nicht hinaus.[2] Die subjektiven Wahrnehmungen ließen sich objektiv nicht quantifizieren, obwohl Reichenbach diese Zielvorstellung wohl nie aufgab. Seine rührenden Bemühungen zeigten sich auch in dem Versuch, die „odische Kraft" seiner beiden Hände zu messen. Sensitive schätzten ihre Ausstrahlung „gleich der eines Hufeisens von 7½ Pfund Tragkraft."[3] Einer Quantifizierung entzogen sich vollends die „odischen Ausströmungen von jeder einzelnen Person", die Sensitive im Finstern an ihrer „odischen Atmosphäre" identifizieren konnten. „Sogar das geodete Wasser, versicherten die Hochsensitiven, unterschieden sie stets, je nachdem es von dem einen oder dem andern Arzte oder sonst wem immerhin erzeugt worden sey."[4]

In seinem fast 1600 Seiten umfassenden Hauptwerk „Der sensitive Mensch" erwähnte Reichenbach Franz Anton Mesmer und den Mesmerismus nur beiläufig in wenigen Zeilen seiner „Vorrede". Dies ist höchst auffällig, erscheint die Od-Lehre doch weithin als eine experimentelle Eruierung mesmeristischer Phänomene und theoretische Spe-

---

[1] A. a. O., S. 91.
[2] Reichenbach, 1855, S. 501.
[3] A. a. O., S. 509.
[4] A. a. O., S. 510.

128

zifizierung ihrer Gesetzmäßigkeiten. Reichenbach entledigte sich des Mesmerismus durch einen Kunstgriff. Er subsumierte ihn seiner Lehre als eine untergeordnete Spezialität: „Der sogenannte Mesmerismus, das magnetische Kuriren ist eine *spezielle Anwendung* des odischen Dynamids im Heilverfahren, bis hieher leider ohne allen wissenschaftlichen Verband und aus einem bloßen Aggregate unzusammenhängender Wahrnehmungen bestehend. [...] Od ist eine *Weltkraft* und umfaßt die ganze Schöpfung in unendlichem Ergreifen; Mesmerismus ist eine von Dr. Mesmer eingeführte *spezielle Anwendung* des Odes im Heilverfahren."[1]

Reichenbachs Zielsetzung war von einem ehrgeizigen Wunsch geprägt: Er wollte die „Naturforschung im weitesten Sinne" von seinen „kernhaften Thatsachen", die er wissenschaftlich belegen zu können meinte, überzeugen. Die Physik könne nicht das „Krystall-Licht", die Chemie nicht das „Auftauchen der odchemischen Reihe", die Physiologie nicht die „Polarität des menschlichen Leibes", die Medizin nicht „Krampfstillung und Krampferzeugung durch Odstriche", die „Magnetiseurs" nicht die Verladung „positiven und negativen Odes" aus Sonnenlicht auf ein Stück Holz und die Psychologie nicht die Beraubung des Bewusstseins durch „bloße Berührung der Zehenspitze" verleugnen.[2] Für Reichenbach war der „wissenschaftliche Verband" und das „konsequent durchgeführte theoretische Gebäude", die er hervorgebracht habe, Grund für die Ablehnung durch „so viele gelehrte Gewohnheitsmenschen".

Er legte größten Wert darauf, dass alle seine Ergebnisse „nach der heutigen Methode der Naturforschung" gewonnen wurden. Er wollte sich nur auf das verlassen, was er „unmittelbar selbst erprobt" hatte.[3] Ein einziges Mal habe er der Arbeit eines anderen vertraut und sei enttäuscht worden. Ein Daguerreotypist habe in seinem Auftrag versucht, „Lichtbilder mittelst Odlicht" darzustellen. Das positive Ergebnis, das auch publiziert wurde, konnte Reichenbach aber selbst nicht replizieren

[1] Reichenhbach, 1854, S. XXIX.
[2] A. a. O., S. XXX.
[3] A. a. O., S. XXXI.

und musste es deshalb widerrufen. „Trau nie einem anderen", schon gar nicht den Wundergeschichten von Magnetiseuren, so könnte man Reichenbachs Schlussfolgerung verstehen. Er habe sich nicht von den „somnambulen und kataleptischen Erstaunlichkeiten" fortreißen lassen und sich „zu den höchsten geistigen und geisterhaften Regionen hinauf" verstiegen, sondern habe den umgekehrten Weg eingeschlagen: „ich habe mich vom Zusammengesetzten in *rückgängiger Zergliederung* nach dem Einfacheren hingewendet, *a posteriori ad prius*; und so ist es mir gelungen, inbeständig analytischem Verfahren zu den Ursprüngen der Erscheinungen [...] vorzudringen".[1] Reichenbach beschränkte sich aber keineswegs auf die Analyse. Er wollte vor allem den Ärzten mit seiner *Od*-Lehre ein neues Hilfsmittel in die Hand geben. „Auf ganze Abschnitte der Medicin muß die gegenwärtige und künftige Entschleierung der Gesetze des Odes einen nahezu umwälzenden Einfluß nehmen."[2]

Äußerst erbittert und langatmig reagierte Reichenbach in seiner „Vorrede" des soeben referierten Buchs auf die Ablehnung des Chemikers Justus von Liebig. Dieser hatte in seiner Münchner Antrittsvorlesung geäußert, die „neue Odwissenschaft habe keinen Eingang in die Naturforschung gefunden".[3] Immerhin waren zuvor mehrere Arbeiten von Reichenbach in Liebigs Zeitschrift veröffentlicht worden. Liebigs Vorwurf war, dass die Sensitiven als Nervenkranke für Versuche ungeeignet und die Untersuchungsergebnisse deshalb unbrauchbar seien. Dem widersprach Reichenbach heftig: „Die Sensitiven sind *nervenreizbarer* als Nichtsensitive, aber nicht *nervenschwächer*. [...] Sensitive sind auf keine Weise schwach, sondern *nervenstark*, wenigstens in der Partie ihrer odischen Empfänglichkeit."[4] Die meisten Sensitiven, mit denen er gearbeitet habe, seien „(im gewöhnlichen Sinne) Gesunde" gewesen.[5] Er wollte Liebigs Voreingenommenheit mit dem Syllogismus entlarven: „Alle Sensitiven haben nichtgesunde Nervenaprate; nichtgesunde Ner-

---

[1] A. a. O., S. XXXIII.
[2] A. a. O., S. XXXIV.
[3] Zit. a. a. O., S. VI.; Liebig, 1852, S. 18 f.
[4] Reichenbach, 1854„ S. VIII.
[5] A. a. O., S. XI.

venapparate sind zu Beobachtungen durchaus ungeeignet; Ergo sind Sensitive zu Beobachtungen durchaus ungeeignet."[1]

Am meisten aber war Reichenbach über Liebigs Einwand erbost, die *Od*-Phänomene seien lediglich Effekte der Suggestion. Die Sensitiven hätten, so Liebig, von Reichenbach, dem „Fragesteller", auf die Erscheinungen erst „durch seine Fragen aufmerksam gemacht und geleitet werden müssen." Reichenbach fühlte sich in seiner Ehre als Naturforscher gekränkt: „Was Hr. von Liebig sich hier herausnimmt, ist nichts weniger als mir öffentlich Versuchsfälschungen zur Last zu legen, indem ich die Reaktionen suggerirt haben soll, die ich dann der Welt als neu gefundene Wahrheiten verkaufe?" Sein Urteil ließ an Deutlichkeit nichts zu wünschen übrig: Herr Liebig gleiche „jenem Blinden, der weil Er kein Licht sah, die Dreistigkeit hatte zu behaupten, Licht und Farben existiren nicht."[2] Reichenbach glaubte auch die Quelle von Liebigs ablehnenden Äußerungen ausfindig machen zu können. Offenbar hatten ihn „einige Herren von der Naturwissenschaft" auf seinem Schloss besucht, mit denen er nur den *„Cicerone"* gemacht und in der Dunkelkammer das Odlicht demonstrierte habe, um ihre Wissbegierde zu befriedigen. Diese seien dann nach Wiesbaden zur Naturforscherversammlung gereist und hätten im Vorbeigehen Herrn von Liebig darüber berichtet. Dies habe Letzterem ausgereicht, „mir und dem Ode gelegentlich – die Bestattung zu ertheilen." Liebig hatte tatsächlich nur wenige Sätze über Reichenbachs „Odwissenschaft" fallen lassen. Diese reichten aber aus, um Reichenbach aufs Äußerste zu reizen. Er spürte sehr genau das siegesbewusste Triumphgefühl eines erfolgreichen Naturwissenschaftlers auf der Gegenseite, der die deutsche (romantische) Naturphilosophie als einen „abgestorbenen Baum" ansah und alle Spekulationen über okkulte Naturkräfte aus der Naturforschung verbannen wollte.

Wissenschaftshistorisch bedeutender als Liebigs Vorbehalt gegen Reichenbach war James Braids experimentelle Widerlegung der *Od*-Lehre in deren Anfangszeit, womit er demonstrativ den „Hypnotismus" vom

---

[1] A. a. O., S. XX.
[2] A. a. O., S. XV.

Mesmerismus abgrenzen wollte. 1841 hatte Karl von Reichenbach, „der Zauberer vom Cobenzl", auf seinem Schloss bei Wien mit seinen *Od*-Forschungen begonnen. 1846 erschien dann Braids kritische Untersuchung „*The Power of the Mind over the Body*", deren Untertitel in deutscher Übersetzung lautete: „Eine experimentelle Untersuchung der vom Baron Reichenbach und Anderen einem ‚neuen imponderabeln' Agens zugeschriebenen Erscheinungen."[1]

Reichenbachs *Od*-Lehre hatte eine große Ausstrahlung und regte insbesondere Literaten an, sich erneut mit dem Mesmerismus und seinen Grenzgebieten auseinanderzusetzen. So verfasste der populärwissenschaftliche Schriftsteller Carl Gottfried Wilhelm Vollmer unter dem Pseudonym W. F. A. Zimmermann eine romanhafte Erzählung, die in ironischer Weise durch die schillernde Welt des Mesmerismus führte.[2] Das Frontispiz im Querformat (zwischen Titelblatt und Textbeginn) zeigt eine magnetisch-hypnotische Szene: Auf der *chaise longue* liegt im Scheine einer hellen Lampe eine mit einem Tuch bedeckte junge Dame mit geschlossenen Augen und entspanntem Gesichtsausdruck. (**Abb. 24**) Neben ihr steht ein Herr in dunklem Gehrock, der sie aufmerksam beobachtet. Die Unterschrift lautet: „Wie wunderbar! Welch langer Schlaf." Die Position der Frau verweist auf ihre Funktion als Medium. Auch wenn der männliche Beobachter auf sie herabblickt, ist der Strahlengang eindeutig: Das Licht kommt von oben, von der Lampe als einer Ersatz-Sonne, die Frau spiegelt dieses Licht in ihrem magnetischen Schlaf, während der männliche Beobachter den Abglanz zu erhaschen versucht.

Auch wenn diese Abbildung ironisch gemeint war, brachte sie doch den naturphilosophischen Kern des Somnambulismus in der Mitte des 19. Jahrhunderts zum Ausdruck. Ausgiebig stellte der Autor Karl von Reichenbachs „Odlicht" dar und zitierte aus seinen „odisch-magnetischen Briefen" (1852). Schließlich gelangte der Icherzähler zur „Heiligsprechung des Herrn von Reichenbach". Er schilderte dabei seine Erlebnisse

---

[1] Braid [1846], 1982.
[2] W. F. A. Zimmermann, 1863.

in Reichenbachs legendärer Dunkelkammer: „'Oftmals hörte ich in der Dunkelkammer die Bemerkung aussprechen, mein Kopf sei mit einer Strahlenkrone umgeben; ich sei in einem Heiligenschein eingehüllt' – was Wunder, wer solche Entdeckungen macht, wer so den einzelnen Gegenständen des menschlichen Geistes seinen Platz anweis't, der muß ja wohl ein Heiliger sein. Wie der *Nepomuk*, der Heilige des Wassers, wie *Florian*, der Heilige des Feuers so *Reichenbach*, der Heilige der Faulenzer".[1]

Ausblick

Beruht Mesmers animalischer Magnetismus wirklich „nur" auf Einbilgestion"? Damit sind wir mit einem großen ungelösten Rätsel der Heilkunst konfrontiert. Ich meine hier die Phänomene des Placebo-Effekts, der sich in jede ärztliche Behandlung und jede Medikamenteneinnahme oder sonstiges therapeutisches Handeln als ein – oft entscheidender – Heilfaktor einmischt. Dies wird heute von der wissenschaftlichen Medizin durchaus anerkannt. Die Wirkung eines Heilverfahrens, ob biomedizinisch, komplementärmedizinisch oder magisch-religiös begründet, impliziert *immer* ein Stück Glaubensheilung oder „Heilung durch den Geist", um mit Stefan Zweig zu sprechen.[2] Man kann hier im Sinne der Kulturanthropologie oder Ethnomedizin von Heilzauber sprechen. Die Kehrseite der Medaille, den Schadenszauber oder Nocebo-Effekt, ein für die Medizin fast noch wichtigeres Thema, soll hier außer Betracht bleiben.

Wir können nicht auf den unüberschaubaren alternativen Gesundheitsmarkt näher eingehen. Jenseits der klassischen Naturheilkunde (wie etwa die Kneipp-Kur) gibt es den schier unerschöpflichen Bereich der Geistheilung (*spiritual healing*). Hierzu zählt auch die so genannte Magnetopathie, die sich ausdrücklich auf Mesmers Heilmagnetismus beruft.

---

[1] Ebd., S. 536.
[2] Zweig, 1931.

Dies ist aber nur *eine* traditionelle Heilweise im großen Konzert der unterschiedlichsten Ansätze der Geistheilung. In abendländischer Tradition sind dies u. a. Wallfahrten und Heiligenverehrung, Gebetsheilung, Fernheilen, Exorzismus, mediumistisches Heilen, Handauflegen, *Therapeutic Touch*; in östlicher Tradition zählen hierzu *Prana*-Heilung (Indien), *Qi-Gong* (China) und *Reiki* (Japan); ganz zu schweigen von naturreligiösen Heilpraktiken weltweit wie etwa Schamanismus, Zaubersprüche, die Rituale der *Simile*-Magie und neuerdings *Wicca*, ein neuheidnisches Heilkonzept.

Wenn wir uns eingestehen, dass es in der Medizin wie im Alltagsleben Phänomene im Guten wie im Bösen gibt, die sich einer experimentell-naturwissenschaftlichen Erklärung (noch?) entziehen, wenn wir die so genannten paranormalen Pänomene im Sinne der Anomalistik und andere Befunde der Parapsychologie in Betracht ziehen, und wenn wir nicht zuletzt die Zeugnisse unserer eigenen Kultur- und Wissenschaftsgeschichte ernst nehmen, so stellt sich letztendlich die Frage, ob Mesmers „Fluidum" tatsächlich „nur" Einbildung und eine wissenschaftlich unhaltbare Spekulation ist. Die aufregende Geschichte des animalischen Magnetismus ist, wie mir scheint, noch nicht an ihr Ende gekommen, das letzte Wort noch nicht gesprochen.

Abbildungen

Abb. 1

Abb. 3

Abb. 2

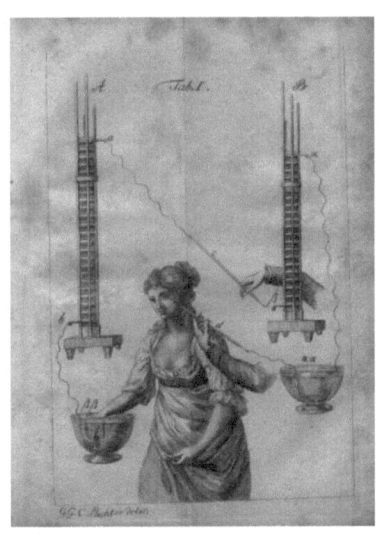

Abb. 4

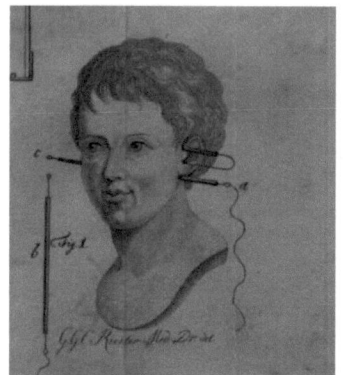

Abb. 5

Abb. 7

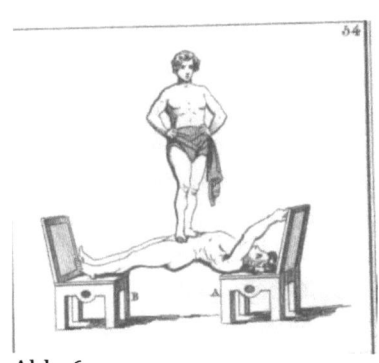

Abb. 6

Abb. 8

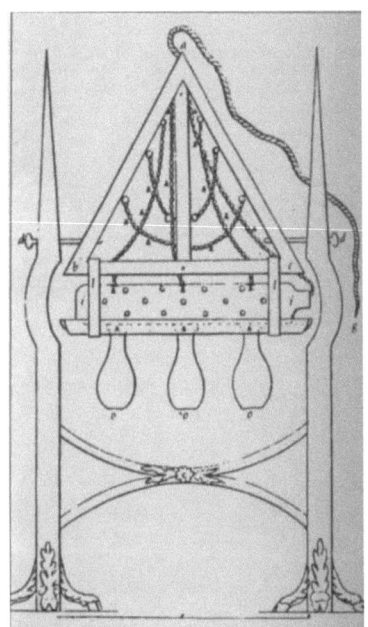

Abb. 9

Abb. 11

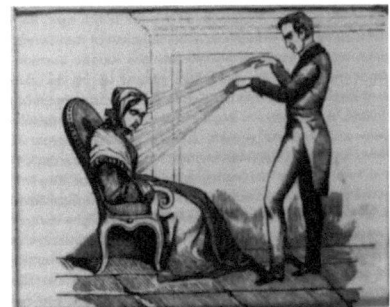

Abb. 12

Abb. 10

Abb. 13

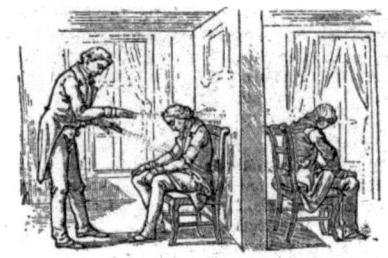

Abb. 14

Abb. 15

Abb. 17

Abb. 16

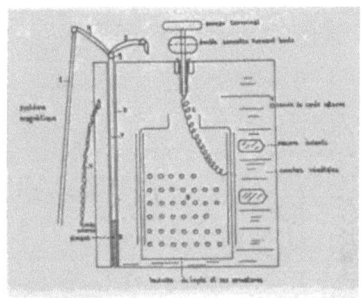

Abb. 18

Abb. 19

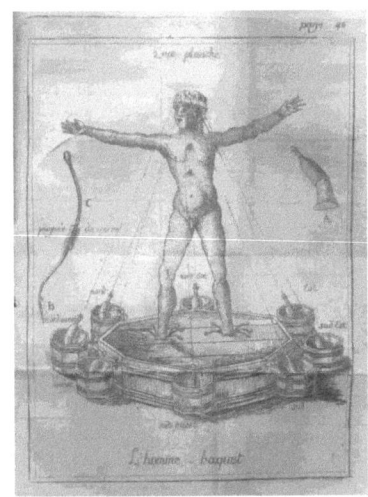

Abb. 21

Abb. 20

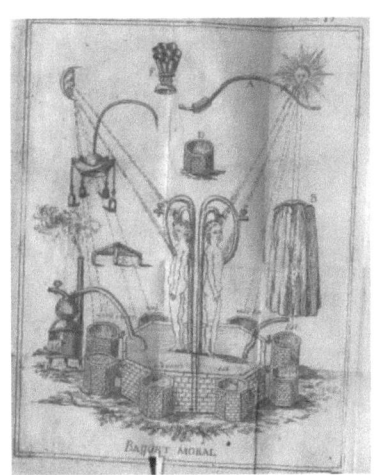

Abb. 22

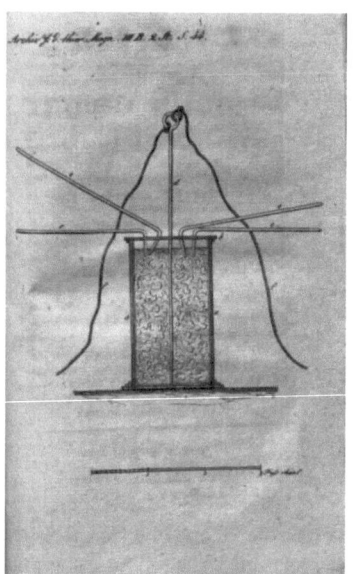

Abb. 23

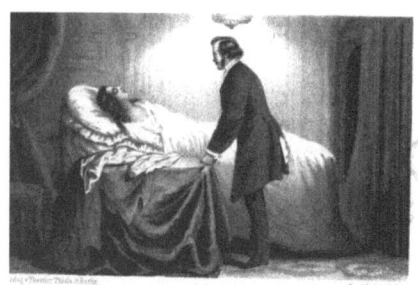

Wie wunderbar! welch ein langer Schlaf.

Abb. 24

Bildquellenverzeichnis

Abb. 1: Aus: Schott (Hg.,), 1998, S. 223.
    Abb. 2: Schäffer, 1766: Frontispiz.
Abb. 3: Barneveld, 1787: Taf. 1.
Abb. 4: Bischoff, 1801, Tab. I.
Abb. 5: Bischoff 1801, Tab. II, Fig. 4.
Abb. 6: Brewster, 1984: Taf. XV (54)
Abb. 7: Brewster, 1984, S. 118.
Abb. 8: Du Potet, 1925, S. 144.
Abb. 9: Kerner, 1829, 1. Theil.
Abb.10: Aus: Sibly, 1794.
Abb. 11: http://alpovni.wordpress.com (31.07.2012)
Abb. 12: Porter, 2001, S. 201.
Abb. 13: Hector Durville, 1921, S. 213.
Abb. 14 Hector Durville, 1921, S. 159.
Abb. 15: Hector Durville, S. 163.
Abb. 16: Hector Durville, 1921, S. 448.
Abb. 17: Génard, 1982, S. 53 ff.
Abb. 18: Génard, 1982, S. 53 ff.
Abb. 19: Le Mesmérisme, 1842, S. 277.
Abb. 20: Mesmer, 1785, nach S. 16.
Abb. 21: Mesmer, 1785, nach S. 46.
Abb. 22: Mesmer, 1785, nach S. 8.
Abb. 23: Kieser, 1818, nach S. 180.
Abb. 24: Zimmermann, 1863: Frontisp.

Literaturverzeichnis

[Anonymus:] Beschluß der im letzten Nro. abgebrochenen Anzeige: Die Physiologie, bearbeitet von K. Fr. Burdach etc. In: Medicinisch-chirurgische Zeitung 3 (1810) [N. 72; Den 10. September 1810], S. 337-342.

Artelt, Walter: Der Mesmerismus in Berlin. Mainz: Akademie der Wissenschaften u. Literatur, 1965 (Abhandlungen. Geistes- und Sozialwissenschaftliche Klasse, 1965; 6).

Baerwald, Richard: Die intellektuellen Phänomene. Berlin: Ullstein, 1925 (Der Okkultismus in Urkunden [2]) Darin: „Die Seherin von Prevorst", S. 29-50.

Barneveld, Willem van: Medizinische Eletrizität. Aus dem Holländischen. Leipzig: Schwickert, 1787.

Bauer, Eberhard: Kerner und die Parapsychologie. In: Berger-Fix (Hg.), 1986 [siehe dort], S. 104-123.

Bauer, Gerhard: Eberhard Gemlin (1751-1809). Sein Leben und sein Werk. Ein Beitrag zum Quellenstudium des thierischen Magnetismus im deutschsprachigen Raum. Heilbronn: Stadtarchiv Heilbronn, 1994 (Quellen und Forschungen zur Geschichte der Stadt Heilbronn; 4).

Baumgartner-Tramer, Franziska: Zur Geschichte des Rorschachtests. Schweizer Archiv für Neurologie und Psychiatrie 50 (1943), S. 1-13.

Benz, Ernst: Theologie der Elektrizität. Zur Begegnung und Auseinandersetzung von Theologie und Naturwissenschaft im 17. und 18. Jahrhundert. Mainz; Wiesbaden: Verl. d. Akad. d. Wiss. u. Lit., 1971 (Abhandlungen der Geistes- und Sozialwissenschaftlichen Klasse / Akademie der Wissenschaften und der Literatur, Mainz; 1970; 12).

Benz, Ernst: Franz Anton Mesmer und die philosophischen Grundlagen des „animalischen Magnetismus". Mainz: Akademie der Wissenschaften und der Literatur, 1977 (Abhandlungen der Geistes- und Sozialwissenschaftlichen Klasse, 1977, Nr. 4).

Berger-Fix, Andrea (Hg.): Justinus Kerner. Nur wenn man von Geistern spricht. Briefe und Klecksographien. Mit Beiträgen von Eberhard Bauer [...], Stuttgart: Edition Erdmann, 1986.

Bertholon, Pierre: De L'Électricité Des Végétaux. Ouvrage dans lequel on traite de l'électricité de l'atmosphère sur les plantes, de ses effets sur l'économie des végétaux, de leurs vertus médico & nutritivo-électriques, & principalement des moyens de pratique de l'appliquer utilement à l'agriculture, avec l'invention d'un électro-végétometre. Paris: P. f. Didot [Jeune], 1783.

Bertsche, Karl Josef: Das Problem in Franz Anton Mesmers medizinischer Doktordissertation „de planetarum influxu" 1766. Med. Diss. Freiburg 1942.

Bischoff, Christian Heinrich Ernst: Commentatio De usu galvanismi in arte medica speciatim vero in morbis nervorum paralyticis. Jena: Akademische Buchhandlung, 1801.

Blumenberg, Hans: Licht als Metapher der Wahrheit. Im Vorfeld der philosophischen Begriffsbildung [1957]. In: Ders.: Ästhetische und metaphorologische Schriften. Auswahl and Nachwort von Anselm Haverkamp. Frankfurt am Main: Suhrkamp, 2001 (Suhrkamp-Taschenbuch Wissenschaft; 1513), S. 139-171.

Bodamer, Joachim: Vorwort zu Justinus Kerner: Die Seherin von Prevorst. Stuttgart: Steinkopf, 1958, S. 5-18 [verkürzte Ausgabe!].

Bohley, Johanna: Christian Gottfried Nees von Esenbeck. Ein Lebensbild. Stuttgart: Wissenschaftliche Verlagsges., 2003 (Acta Historica Leopoldina; Nr. 42; 2003).

Bose, Georg Matthias: Die Electricität nach ihrer Entdeckung un Fortgang. Mit Poetischer Feder entworffen. Wittenberg: Ahlfelden, [1744].

Braid, James: Neurypnology; or, the rationale of nervous sleep considered in relation with animal magnetism. London: Churchill, 1843.

Braid, James: Die Macht des Geistes über den Körper. Eine experimentelle Untersuchung der vom Baron Reihenbach und Anderen einem „neuen imponderabeln" Agens zugeschriebenen Erscheinungen. [1846] Übers. von A. Rassow aus Jena. In: Der Hypnotismus. Ausgewählte Schriften von J. Braid. Deutsch hg. von W. Preyer. Berlin: Paetel, 1882, S. 1-37.

Breuer, Josef / Sigmund Freud: Studien über Hysterie [1895]. Frankfurt am Main: Fischer Taschenbuch, 1970.

Brewster, David: Briefe über die natürliche Magie, an Sir Walter Scott. Aus dem Englischen übersetzt und mit Anmerkungen begleitet von Friedrich Wolf. Mit 79 Abbildungen in Kupferstich. Berlin: Enslin, 1833. Reprint: Weinheim [u. a.]: VCH, 1984 (Dokumente zur Geschichte von Naturwissenschaft, Medizin und Technik; Bd. 7).

Brugsch, Heinrich G.: Doctors Afield: Justinus Kerner (a Romantic Physician). The New England Journal of Medicine, 270 (1964), 14, S. 729-730.

Bürke, Georg: Vom Mythos zur Mystik. Joseph von Görres' mystische Lehre und die romantische Naturphilosphie. Einsiedeln: Johannes, 1958.

Burdach, Friedrich Karl: Die Physiologie. Leipzig: Weidmann 1810.

Bursy, Carl: Ein Beitrag zur Geschichte des Selbst-Magnetismus. Archiv für den thierischen Magnetismus 3 (1818) 1. Stück, (S. 162-165). Mit „Zusatz des Herausgebers" (Kieser), S. 166.

Cantor, Geoffrey: Light and Enlightenment: An Exploration of Mid-Eighteenth-Century Modes of Discourse. In: David D. Lindberg / Geoffrey Cantor: The Discourse of Light from the Middle Ages to the Enlightenment. Los Angeles: Univ. of California, 1985, S. 67-106.

Carus, Carl Gustav: Psyche. Zur Entwicklungsgeschichte der Seele. Pforzheim 1846. Nachdruck der 2. Aufl. Pforzheim 1860. Darmstadt: Wissenschaftliche Buchgesellschaft 1964.

Carus, Carl Gustav: Ueber Lebensmagnetismus und über die magischen Wirkungen überhaupt. Leipzig: Brockhaus, 1857.

DeSalvo, John: The Seeress of Prevorst. Her Secret Language and Prophecies from the Spirit World. Rochester, Vermont: Destiny Books, 2008.

Deslon, Charles de: Beobachtungen über den thierischen Magnetismus. Aus d. Franz, übers. Karlsruhe: Macklot, 1781.

Du Potet [de Sennevoy], Denis Jules [= le Baron du Potet]: Die entschleierte Magie. Mit einem Porträt des Verfassers und 19 Abbildungen [franz. Originalausgabe 1852]. 3. u. 4. Aufl. Leipzig: Altmann, 1925.

Durville, Hector: Théorie & Procédés du Magnétisme avec 26 Portraits et 69 Figures. 3ème édition. Paris: Durville, 1921.

Edwards, Harry: Geistheilung. Freiburg i.Br.: Bauer, 1960.

Ennemoser, Joseph: Der Magnetismus nach der allseitigen Beziehung seines Wesens. Leipzig:Brockhaus, 1819.

Ennemoser, Joseph: Anleitung zur Mesmerischen Praxis. Stuttgart; Tübingen: Cotta, 1852.

Enquist, Per Olov: Der fünfte Winter des Magnetiseurs. Aus dem Schwedischen übersetzt von Hans-Joachim Maass. München; Wien: Hanser 2002 [Schwed. Originalausg. Stockholm 1964].

Florey, Ernst: Ars magnetica. Franz Anton Mesmer 1734-1815. Magier vom Bodensee. Konstanz: Universitäts-Verl., 1995.

Frühwald, Wolfgang (Hg.): Joseph Görres. Ausgewählte Werke in zwei Bänden. Freiburg; Basel; Wien: Herder, 1978.

Fürst, Marion: Maria Theresia Paradis. Mozarts berühmte Zeitgenossin. Köln; Weimar; Wien: Böhlau, 2005 (Europäische Komponistinnen; Bd. 4).

Gehrts, H.: Der Oberamtsarzt unter Verdacht. Eine Veröffentlichung aus den Akten des Medizinalkollegiums. In: Beiträge zur Schwäbischen Literatur- und Geistesgeschichte 2 (1982), S. 44-60.

Génard, Philippe : D'un baquet magnétique à l'histoire du Mesmerisme. Diss. Lyon 1982.

Geßmann, Gustav Wilhelm: Magnetismus Und Hypnotismus. Eine Darstellung dieses Gebietes mit besonderer Berücksichtigung der Beziehungen zwischen dem mineralischen Magnetismus und dem sogenannten thierischen Magnetismus oder Hypnotismus. Wien; Pest; Leipzig: Hartleben, 1887.

Glaus, A.: Justinus Kerner und die Psychiatrie. In: Beiträge zur Geschichte der Psychiatrie und Hirnanatomie. Basel; New York: Karger, 1957. (Bibliotheca Psychiatrica et Neurologica; 100).

Görres, Joseph: Glauben und Wissen. München: Scherer, 1805 [a].

Görres, Joseph: Die christliche Mystik. Regensburg und Landshut: Manz, 1836-1842: 1.Bd. 1836; 2. Bd. 1837; 3. Bd. 1840; 4. Bd. 1842.

Gräße, Johann Georg Theodor: Bibliotheca magica et pneumatica oder Wissenschaftlich geordnete Bibliographie der wichtigsten in das Gebiet des Zauber-, Wunder-, Geister- und sonstigen Aberglaubens vorzüglich älterer Zeit einschlagenden Werke. Ein Beitrag zur sittengeschichtlichen Literatur . [...] Nachdr. der Ausg. Leipzig 1843. Hildesheim: Olms, 1960.

Häfner, Steffen: Justinus Kerner und die Maultrommel. Ein Pionier der Musiktherapie. Musik-, Tanz- und Kunsttherapie 20 (2009) H. 2, S. 49-55.

Hanegraaff, Wouter J.: Versuch über Friederike Hauffe: Zum Verhältnis zwischen Lebensgeschichte und Mythos der „Seherin von Prevorst" (I). Suevica 8 (1999/2000), S. 17-45 [angekündigter „Schluss" in Suevica 9 (2001/2002) nicht erschienen].

Harrington, Anne: Metals and magnets in medicine. Hysteria, hypnosis, and scientific culture in late 19th-century France. Oxford 1985 [Typoskript, 9 Seiten].

Heuss, Theodor: Justinus Kerner [1936]. In: Ders.: Vor der Bücherwand. Skizzen zu Dichtern und Dichtung. Hg. von Friedrich Kaufmann und Hermann Leins. Tübingen: Wunderlich, 1961, S. 124-126.

Hippokrates, Ed. Diller = Hippokrates: Schriften. Die Anfänge der abendländischen Medizin. Hg. von Hans Diller. Hamburg: Rowohlt, 1962 (Griechische Literatur, Bd. 4).

Hirschmüller, Albrecht: Physiologie und Psychoanalyse in Leben und Werk Josef Breuers. Bern: Huber, 1979 (Jahrbuch der Psychoanalyse; Beih. 4).

Hollaender, Eugen: Die Karikatur und Satire in der Medizin. Stuttgart: Enke, 1905 (Beiträge aus dem Grenzgebiet zwischen Medizingeschichte und Kunst; Bd. 2).

Jansen, Gudrun: Die Nazarenerbewegung im Kontext der katholischen Restauration. Die Beziehung Clemens Brentano - Edward von Steinle als Grundlage einer religionspädagogischen Kunstkonzeption. Esse: Verl. Die Blaue Eule, 1992.

Jennings, Lee B., Justinus Kerner und die Geisterwelt. Neue Wissenschaft 14 (1966), S. 75-95.

Jung, Carl Gustav: Zur Psychologie und Pathologie sogenannter okkulter Phänomene [1902]. In: Ders: Gesammelte Werke. Bd. 1. Olten; Freiburg im Breisgau: Walter, 1971, S. 1-98.

Jung, Carl Gustav: Psychologische Typen [1921/1950]. In: Ders.: Gesammelte Werke. Bd. 6. Zürich; Stuttgart: 1960.

Jung, Carl Gustav: Geleitwort zu von Koenig-Fachsenfeld „Wandlungen des Traumproblems von der Romantik bis zur Gegenwart" [1935]. In: Ders.: Gesammelte Werke. Bd. 18, 2. Halbband. Olten; Freiburg im Breisgau: Walter, 1981, S. 832-835.

Kaiser, Wolfram: Johann Gottlob Krüger (1715-1759) und Christian Gottlieb Kratzenstein (1723-1795) als Begründer der modernen Elektrotherapie. Zahn-, Mund-, und Kieferheilkunde 65 (1977), S. 539-554.

Kerner, Justinus: Die Seherin von Prevorst. Erster Teil: Eröffnungen über das innere Leben des Menschen. Zweiter Teil: Ueber das Hereinragen einer Geisterwelt in die unsere. Stuttgart: Cotta, 1829.

Kerner, Jutinus: Sendschreiben an die Bürger des Oberamts Weinsberg in Betreff der uns drohenden Cholera, vom Oberamtsarzt Justinus Kerner. (Auf Verlangen der Amtsversammlung verfaßt, von dieser in Druck gegeben und in den Ortschaften des Kerner, Justinus: Die Seherin von Prevorst. Erster Teil: Eröffnungen über das innere Leben des Menschen; Zweiter Teil: Ueber das Hereinragen einer Geisterwelt in die unsere. [1829]. In: Kerners Werke. Auswahl in sechs Teilen. Hg. von R. Pissin; hier 4. bzw. 5. Teil. Nachdruck der Oberamtes vertheilt.) Heilbronn: Karl Schell 1831.Ausgabe Berlin 1914. Hildesheim; New York: Olms 1974.

Kerner, Justinus: Geschichten Besessener neuerer Zeit. Beobachtungen aus dem Gebiete kako-dämonischer Erscheinungen; nebst Reflexionen von C. A. Eschenmayer über Besessenseyn und Zauber. Karlsruhe: Braun, 1834.

Kerner, Justinus: [Rede über die Heilung durch Sympathie; 1843]. Wiederabgedruckt in: Beiträge zur Schwäbischen Literatur- und Geistesgeschichte 1 (1981), S. 187-194.

Kerner, Justinus: [Kopie eines Schreibens an das Oberamt Neckarsulm mit einem Begleitbrief an die Königliche Kreisregierung vom 30.6.1846]. Veröffentlicht in: H. Gehrts: Der Oberamtsarzt unter Verdacht. Eine Veröffentlichung aus den Akten des Medizinalkollegiums. In: Beiträge zur Schwäbischen Literatur- und Geistesgeschichte 2 (1982), S. 48-53.

Kerner, Justinus: Franz Anton Mesmer aus Schwaben, Entdecker des thierischen Magnetismus. Erinnerungen an denselben, nebst Nachrichten von den letzten Jahren seines Lebens zu Meersburg am Bodensee. Frankfurt: Rütten, 1856.

Kerner, Justinus: Kleksographien. Stuttgart; Leipzig: Deutsche Verlagsanstalt 1857.

Kerner, Theobald: Galvanismus und Magnetismus als Heilkraft. 3. Aufl. Cannstatt: Bosheuyer, 1857.

Kerner, Theobald: Das Kernerhaus und seine Gäste. Stuttgart; Leipzig, Berlin; Wien: Deutsche Verlags-Anstalt, 1894.

Kieser, Dietrich Georg: Das magnetische Behältnis (Baquet) und der durch dasselbe erzeugte Somnambulismus. Nach Theorie und Erfahrung. Archiv für den Thierischen Magnetismus 3 (1818) 2. Stück [S. 1-180].

Kieser, Dietrich Georg: System des Tellurismus oder Thierischen Magnetismus. Ein Handbuch für Naturforscher und Aerzte. 2 Bde. Leipzig: Herbig, 1822.

Kieser, Dietrich Georg: System des Tellurismus oder Thierischen Magnetismus. Ein Handbuch für Naturforscher und Aerzte. Neue Ausgabe. 2 Bde. Leipzig: Herbig, 1826.

Kluge, Carl Alexander Ferdinand: Versuch einer Darstellung des animalischen Magnetismus als Heilmittel. Berlin: Salfeld, 1811.

Kluge, Carl Alexander Ferdinand: Versuch einer Darstellung des animalischen Magnetismus als Heilmittel. 3. Aufl. Berlin: Realschulbuchhandlung, 1818 [Erstaufl. 1811; → Kluge, C. A. F., 1811].

Krätz, Otto Paul: Nachwort. In: Brewster [1833], 1984 [siehe dort], S. 435-577.

Kratzenstein, Johann Gottlieb: Abhandlung von dem Nutzen der Electricität in der Arzneywissenschaft in einem Schreiben an D.G.F.F. von Christian Gottlieb Kratzenstein [...]. Halle: Hemmerde, 1744.

Krüger, Johann Gottlob: Zuschrifft An seine zuhörer Worinnen Ihnen seine Gedanken von der Electricität mittheilet [...] Neue und mit Anmerckungen vermehrte Auflage. Halle: Hemmerde, 1745.

Kupsch, Wolfgang: Franz Anton Mesmer. Eine medizingeschichtliche Standortbestimmung von Theorie und Praxis des „Thierischen Magnetismus". Med. Diss. Freiburg im Breisgau 1985.

Lafontaine, Charles: L'Art de Magnétiser ou le magnétisme animal sous le point de vue théorique, pratique et thérapeutique. Paris : Baillière, 1847.

Le Mesmérisme. In: Magasin Pittoresque, Paris 1842, S. 276-277.

Liebig, Justus von: Ueber das Studium der Naturwissenschaften. Eröffnungsrede zu seinen Vorlesungen über Experimental-Chemie im Wintersemester 1852/53. München: Literarisch-artistische Anstalt der J. G. Cotta'schen Buchhandlung, 1852.

Lucadou, Walter von: Die Magie der Pseudomaschine. In: Wilfried Belschner / Joachim Galuska / Harald Walach / Edith Zundel (Hg.): Transpersonale Forschung im Kontext. Oldenburg: Bibliotheks- und Informationssystem der Universität Oldenburg, 2002 (Transpersonale Studien; 5).

Mesmer, Franz Anton: Mémoire sur la découverte du magnetisme animal. Imprimé en 1779 [a].

Mesmer, Franz Anton: Mémoires et Aphorismes de Mesmer. Imprimé en 1779 [b]. Wiederabgedruckt in: Ricard, J.-J.-J. : Physiologie et Hytiène du magnétiseur ; Régime diététique du magnétisè ; Mémoires et Aphorismes de Mesmer, avec des notes. Paris : Baillière, 1844.

Mesmer, Franz Anton: Abhandlung über die Entdeckung des thierischen Magnetismus. Aus dem Französischen übersetzt. Karlsruhe: Macklot, 1781 (Reprint Tübingen: edition diskord, 1985).

Mesmer, Franz Anton: Correspondance de M. M***** sur les nuovelles découvertes du baquet octogone, de L'homme baquet, det du baquet morale, pouvant servir de suite aux Aphorismes, [...]. Paris : Libourne, 1785.

Mesmer, Franz Anton: Aphorismes de M. Mesmer. Dictés à l'assemblée des ses éleves [...] developpé en 344 paragraphes. Paris: Quinquet, 1785 [a].

Mesmer, Franz Anton: Lehrsätze des Herrn Mesmer's, so wie er sie in den geheimen Versammlungen der Harmonia mitgetheilt hat, und worinnen man seine Grundsätze, seine theorie, und die Mittel findet selbst zu magnetisieren, in 344 Paragraphen abgetheilt, zum leichteren Gebrauche der Commentare über den thierischen Magnetismus. Hg. von Caullet de Veaumorel. Aus dem Original übersetzt und mit einem Briefe des Herrn Mesmers und einem magnetischen Repect vermehrt. Straßburg: Akademische Buchhandlung, 1785 [b].

Mesmer, Franz Anton: Allgemeine Erläuterungen über den Magnetismus und den Somnambulismus. Als vorläufige Einleitung in das Natursystem. Aus dem Askläpiaion abgedruckt. Halle; Berlin: In den Buchhandlungen des Hallischen Waisenhauses, 1812.

Mesmer, Franz Anton: Mesmerismus oder System der Wechselwirkungen. Theorie und Anwendung des thierischen Magnetismus als die allgemeine Heilkunde zur Erhaltung des Menschen. Hg. von Karl Christian Wolfart. Berlin: Nikolai, 1814.

Mielich, Susanne: Karl Alexander Ferdinand Kluge (1782-1844), der „animalische Magnetismus" und heutige Hypnosekonzepte. Med. Diss. Univ. Regensburg, 2009.

Most, Georg Friedrich: Die sympathetischen Mittel und Curmethoden. Gesammelt, zum Theil selbst geprüft, historisch-kritisch beleuchtet und naturwissenschaftlich gedeutet. Rostock: Stiller, 1842.

Most, Georg Friedrich: Encyclopädie der gesamten Volksmedicin oder Lexikon der vorzüglichsten und wirksamsten Haus- und Volksarzneimittel aller Länder. Leipzig: Brockhaus, 1843.

Müller, Peter: Josef Görres und der politische Katholizismus. Phil. Diss. Berlin 1973.

Nees von Esenbeck, Christian Gottfried: Ein blindes Mädchen sieht mit den Fingerspitzen. Archiv für den Thierischen Magnetismus 3 (1818) 1. Stück, S.103-115; „Zusatz des Herausgebers" [Kieser], ebd., S. 114-115.

Nees von Esenbeck, Christian Gottfried: Entwickelungsgeschichte des magnetischen Schlafes und Traums. In Vorlesungen. Bonn: Marcus, 1820.

Nübling, Dagmar: Carl Eberhard Schelling (1783-1854). Leben und Wirken eines romantsichen Arztes. Diss. Lübeck 1997.

Passavant, Johann Carl: Untersuchungen über den Lebensmagnetismus und das Hellsehen. Frankfurt am Main: Brönner, 1821.

Paton-Williams, David: Katterfelto: prince of puff. Leicester: Matador, 2008.

Porter, Roy´: Quacks. Fakers and Charlatans in English Medicine. Charleston: Tempus, 2001.

Priestley, Joseph: Geschichte und gegenwärtiger Zustand der Elektricität, nebst eigenthümlichen Versuchen. Nach der zweyten vermehrten u. verbesserten Ausgabe aus dem Englischen übersetzt von Johann Georg Krünitz. Berlin; Stralsund: Lange, 1772. Reprint Hannover 1983.

Puységur, Armand Marc Jaques Chastenet de: Mémoires pour Servir à l'Histoire et à l'Établissement du Magnetismue Animal. [o.O.: o. V.] 1784.

Puységur, Armand Marc Jaques Chastenet de: Mémoires pour Servir à l'histoire et a l'Établissement du Magnétisme Animal. London, 1786.

Puységur, Armand Marc Jaques Chastenet de: Recherches, Expériences et Observations Physiologique sur l'Homme dans l'État de Somnambulisme Naturel, et dans le Somnambulisme provoqué par l'Acte Magnétique. Paris: Dentu, 1811.

Raab, Heribert (Hg.): Joseph Görres [1776-1848]. Leben und Werk im Urteil seiner Zeit [1776-1876]. Paderborn u. a.: Schöningh, 1978 (= Joseph Görres, Gesammelte Schriften; Erg.-Bd. 1).

Rahn, Johann Heinrich: Physische Abhandlungen von den Ursachen der Sympathie, von dem Magnetismus und Schlafwandeln. Hg. von Johan Weise. Leipzig: Jacobäer, 1790.

Rath, Gernot: Justinus Kerner. In: Ciba-Symposium (Wehr/Baden), 40 (1962), S. 86-89.

Rawert, Peter: Wunder, Wunder, Wunder! Zeit der Krisen, Zeit der Scharlatane. Ein besonders genialer war der Deutsche Katterfelto, der im England der Aufklärung Furore machte. Die Zeit, 17. Dezember, 2009, Nr. 52, S. 94.

Reichenbach, Karl Freiherr von: Physikalisch-physiologische Untersuchungen über die Dynamide des Magnetismus, der Elektrizität, der Wärme, des Lichts, der Krystallisation, des Chemismus in ihrer Beziehung zur Lebenskraft. 2 Bde. 2 verb. Aufl. Braunschweig: Vieweg, 1849.

Reichenbach, Karl von: Der sensitive Mensch und sein Verhalten zum Ode. Eine Reihe experimenteller Untersuchungen über ihre gegenseitigen Kräfte und Eigenschaften. 2 Bde. Stuttgart, Tübingen: Cotta, 1854 [Bd. 1] und 1855 [Bd. 2].

Reichenbach, Karl von: Odische Erwiederungen an die Herren Professoren Fortlage, Schleiden, Fechner und Hofrath Carus. Wien: Braumüller 1856.

Reichenbach, Karl von: Die Pflanzewelt in ihren Beziehungen zur Sensitivität und zum Ode. Eine physiologische Skizze. Wien: Braumüller, 1858.

Reil, Johann Christian: Über die eigenthümlichen Verrichtungen des Seelenorgans. In: Johann Christian Reil: Gesammelte kleine physiologische Schriften. 2. Bd. Wien: Doll, 1811, S. 1-158.

Reil, Johann Christian: Von der Lebenskraft [1795]. Eingel. von Karl Sudhoff. Leipzig: Barth, 1910 (Klassiker der Medizin; 2).

Riedel, Wolfgang: Die Anthropologie des jungen Schiller. Zur Ideengeschichte der medizinischen Schrifen und der "Philosophischen Briefe". Würzburg: Königshausen und Neumann, 1985 (= Epistemata: Reihe Literaturwissenschaft; Bd. 17).

Römer, C.: Ausführliche historische. Darstellung einer höchst merkwürdigen Somnambule nebst dem Versuche einer philosophischen Würdigung des Magnetismus. Stuttgart Metzler, 1821.

Santanelli, Ferdinand: Geheime Philosophie oder magisch-magnetische Heilkunde. Eine Erklärung der wunderbaren Erscheinungen des Magnetismus und Einleitung in die verborgensten Geheimnisse der Natur. Aus dem Lateinischen [1723]. Freiburg im Breisgau: Ed. Ambra, Aurum Verl., 1978 [originalgetreuer Reprint Stuttgart 1855].

Schäffer, Johann Gottlieb: Die Electrische Medicin oder die Kraft und Wirkung der Electricität in dem menschlichen Körper und dessen Krankheiten besonders bey gelähmten Gliedern aus Vernunftgründen erläutert und durch Erfahrungen bestätiget [1. Aufl. Regensburg 1752]. Regensburg: Montag, 1766.

Scheler, Max: Wesen und Formen der Sympathie [1913]. Bern; München: Francke, 1974. (Studienausgabe).

Schelling, Carl Eberhard: Ideen und Erfahrungen über den thierischen Magnetismus. Jahrbücher der Medicin als Wissenschaft, 1806, S. 3-46.

Schelling, Friedrich Wilhelm Joseph: Clara oder über den Zusammenhang der Natur mit der Geisterwelt. Ein Gespräch [1810]. Separat-Ausgabe. Stuttgart: Cotta, 1862.

Schelling, Friedrich Wilhelm Joseph: Clara oder über den Zusammenhang der Natur mit der Geisterwelt. Ein Gespräch [1810]. Aus dem Nachlass ergänzt und herausgegeben von Manfred Schröter. München: Leibniz (bisher Oldenbourg), 1948.

Schiller, Friedrich: Versuch über den Zusammenhang der thierischen Natur des Menschen mit seiner geistigen. Stuttgart: Cotta [1780]. Faksimiledruck nach der Originalausgabe mit einem Nachwort von J. Oeschger. Ingelheim am Rhein: Boehringer, 1959.

Schneider, Reinhold: Der Stein des Magiers und andere Erzählungen. Heilbronn [u. a.]: Salzer, 1949.

Schott, Heinz: Die Mitteilung des Lebensfeuers. Zum therapeutischen Konzept von Franz Anton Mesmer (1734-1815). Medizinhistorisches Journal 17 (1982); S. 195-214.

Schott, Heinz (1985): Bibliographie: Der Mesmerismus im Schrifttum des 20. Jahrhunderts (1900-1984). In: Schott, Heinz (Hg.): Franz Anton Mesmer und die Geschichte des Mesmerismus. Stuttgart: Steiner, S. 253-271.

Schott, Heinz: Der „Okkultismus" bei Justinus Kerner – Eine medizinhistorische Untersuchung. In: Berger-Fix, Andrea (Hg.): Justinus Kerner. Nur wenn man von Geistern spricht. Briefe und Klecksographien. Mit Beiträgen von Eberhard Bauer [...], Stuttgart: Edition Erdmann, 1986 [b], S. 71-103 u. 227-232.

Schott, Heinz: Die Chronik der Medizin. Dortmund: Harenberg, 1993 [a].

Schott, Heinz: Paracelsismus und chemische Medizin. Johann Baptist van Helmont zwischen Naturmystik und Naturwissenschaft. In: Meilensteine der Medizin. Hg. von H. Schott. Dortmund: Harenberg, 1996 [b] , S. 199-206.

Schott, Heinz: Medizin um 1800 und die naturforschende Gesellschaft zu Jena. In: Gelehrte Gesellschaften im mitteldeutschen Raum (1650-1820). Hg. von Detlef Döring und Kurt Nowak.

Leipzig: Sächsische Akademie der Wissenschaften zu Leipzig in Kommission bei S. Hirzel Stuttgart/Leipzig 2002, S. 133-144.

Schott, Heinz: Freuds Zauberspiegel. Zum 150. Geburtstag eines Selbstanalytikers. Scheidewege 36 (2006/2007), S. 229-254.

Schott, Heinz: Magie der Natur. Historische Variationen über ein Motiv der Heilkunst. 2 Teilbände. Aachen: Shaker Verlag, 2014.

Schott, Heinz (Hg.): Franz Anton Mesmer und die Geschichte des Mesmerismus. Beiträge zum Internationalen Wissenschaftlichen Symposion [...] 1984 in Meersburg. Stuttgart: Steiner, 1985.

Schott, Heinz (Hg.): Medizin, Romantik und Naturforschung. Bonn im Spiegel des 19. Jahrhunderts. Bonn: Bouvier, 1993 (Studium Universale; Bd. 18).

Schott, Heinz / Rainer Tölle : Geschichte der Psychiatrie. Krankheitslehren – Irrwege – Behandlungsformen. München: Beck, 2006 [a].

Schubert, Gotthilf Heinrich: Ansichten von der Nachtseite der Naturwissenschaft. 4. Aufl. Dresden; Leipzig: Arnold, 1840 [1. Aufl. 1808]

Schubert, Gotthilf Heinrich: Die Zaubereisünden in ihrer alten und neuen Form. Erlangen: Palm und Enke, 1854 [b].

Seidler, Eduard: Friedrich Kasimir Medicus (1736-1808). Arzt und Botaniker in Mannheim. Die Therapie des Monats 13 (1963), S. 132-137.

Sibly, Ebenezer: A Key to Physic, and the Occult Sciences [...]. London: Printed for the author [...], [1794].

Siefert, Helmut: Mesmer und die "Jungfer Paradis", Überlegungen zum Abbruch einer Psychotherapie aus heutiger Sicht. In: Schott (Hg), 1985 [siehe dort], S. 174-184.

Silberer, Herbert: Über die Behandlung einer Psychose bei Justinus Kerner. Jahrbuch für Psychoanalytische und Psychopathologische Forschungen 3 (1. Hälfte; 1911), 724-729.

Spiesberger, Karl: Justinus Kerners 'Seherin von Prevorst' in Betrachtung esoterischer Tradition und im Lichte psychischer Forschung. In: Erich Sopp / Karl Spiesberger: Auf den Spuren der Seherin. Sersheim: Osiris, 1953, S. 63-103.

Tardy de Montravel, A. A.: Journal du traitement magnétique de la Demoiselle N. / par Mr. T. D. M. London, 1786.

Ullrich, Hermann: Maria Theresia Paradis und Dr. Franz Anton Mesmer. In: Jahrbuch des Vereins für Geschichte der Stadt Wien 17/18 (1961/62), S. 149-188.

Wacker, Bernd: Revolution und Offenbarung. Das Spätwerk (1824-1848) von Joseph Görres - eine politische Theologie. Mainz: Matthias Gründewald-Verl., 1990 (Tübinger theologische Studien; Bd. 34).

Walser, Alissa: Am Anfang war die Nacht Musik. Roman. München [u. a.]: Piper, 2010.

Weber, Heiko: Experimentalprogramme der frühen Naturwissenschaften. Johann Wilhelm Ritter (1776-1810) und Joseph Weber (1753-1831). Diss. Jena 2005.

Wolfart, Karl Christian: An den Leser, der Herausgeber. In: F. A. Mesmer, 1814 [siehe dort], S. III-LI.

Wolfart, Karl Christian: Nichtmagnetisiertes magnetisches Behältniß. Jahrbücher für den Lebens-Magnetismus oder Neues Asklepieion 1 (1819) 2. H., S.256-259.

Zeller, Ernst Albert: Das verschleierte Bild zu Sais oder die Wunder des Magnetismus. Eine Beleuchtung der Kerner'schen Seherin von Prevorst [...]. Leipzig: Weidmann, 1830 [anonym erschienen].

Zimmermann, W. F. A. [i. e. Carl Gottfried Wilhelm Vollmer]: Magnetismus und Mesmerismus oder Physische und geistige Kräfte der Natur. [...] Leipzig: Wartig, 1863.

Zweig, Stefan: Die Heilung durch den Geist. Mesmer, Baker-Eddy, Freud. Leipzig: Inel-Verl., 1932.